Arroz

Ar

Coleção Aromas e Sabores da Boa Lembrança

A ASSOCIAÇÃO DOS RESTAURANTES DA BOA LEMBRANÇA
apresenta

roz
2ª edição

Texto **Danusia Barbara** Fotos **Sergio Pagano**

Aromas e Sabores da Boa Lembrança – *Arroz*, 2008
© Associação dos Restaurantes da Boa Lembrança e Danusia Barbara

Direitos desta edição reservados ao Serviço Nacional de Aprendizagem Comercial
– Administração Regional do Rio de Janeiro.

Vedada, nos termos da lei, a reprodução total ou parcial deste livro.

SISTEMA FECOMÉRCIO-RJ
SENAC RIO

Presidente do Conselho Regional
ORLANDO DINIZ

Conselho Editorial
FABIO COELHO, FRANCISCO LOPES,
WILMA FREITAS, VALÉRIA LIMA ROCHA
E DANIELE PARAISO

EDITORA SENAC RIO
Avenida Franklin Roosevelt, 126/604
Rio de Janeiro I RJ I CEP: 20021-120
Tel.: (21) 2510-7100 – Fax: (21) 2240-9656
comercial.editora@rj.senac.br
www.rj.senac.br/editora

Editora
DANIELE PARAISO

Produção Editorial
ANDRÉA AYER, ELVIRA CARDOSO E KARINE
FAJARDO (COORDENADORAS), LILIA ZANETTI,
MARCIA MAIA, MARIANA RIMOLI E PAULO SERPA

Projeto Editorial
ASSOCIAÇÃO DOS RESTAURANTES DA
BOA LEMBRANÇA E ANDREA FRAGA D'EGMONT

Coordenação técnica e receitas
ASSOCIAÇÃO DOS RESTAURANTES
DA BOA LEMBRANÇA

Texto e pesquisa
DANUSIA BARBARA

Concepção fotográfica, fotos e food style
SERGIO PAGANO

Produção das receitas para as fotos
ASSOCIAÇÃO DOS RESTAURANTES DA
BOA LEMBRANÇA E SERGIO PAGANO

Assistente de fotografia (Rio e São Paulo)
THIAGO HORTA

Padronização das receitas
ANDRÉ MORIN

Indicação de vinhos
CLÁUDIO GOMES

Design
SILVANA MATTIEVICH

Revisão
ISABELLA LEAL

Impressão
GRÁFICA GM MINISTER

2ª edição: maio de 2009

U m grão com uma capacidade extraordinária de se adaptar ao meio: pode ser cultivado abaixo do nível do mar e em altitudes de três mil metros; resiste ao calor e ao frio; sobrevive em regiões com umidade abundante e em outras com um índice pluviométrico mínimo, marcadas pela seca e a erosão do solo. Assim é o versátil arroz, alimento dos mais consumidos no Brasil e no mundo e tema deste sétimo volume da consagrada coleção *Aromas e Sabores da Boa Lembrança*, uma parceria de sucesso consolidada desde 2001 entre o Senac Rio e a Associação dos Restaurantes da Boa Lembrança.

O texto instigante de Danusia Barbara, as receitas criativas e surpreendentes dos chefs dos restaurantes da ARBL e as belas fotos de Sergio Pagano tornam esta obra uma rica referência para estudantes de gastronomia, profissionais do setor e apreciadores da boa mesa. A todos, ótima leitura e bom apetite!

ORLANDO DINIZ
Presidente do Conselho Regional do Senac Rio
Setembro de 2007

Do arroz de pequi ao sushi; do risoto à paella; do siricado ao doce, há um mundo de possibilidades gastronômicas que surgem de um cereal pequenino, discreto, eficiente, deslumbrante. Tons e gostos para todos. Até mesmo bebidas, massas, vinagres, papéis. Alimento antigo, nasceu no Oriente e espalhou-se por todos os cantos, com uma curiosa exceção: o chamado arroz selvagem, oriundo dos Estados Unidos, não é arroz. Trata-se de uma planta diferente. Mas o nome pegou. Mostra a versatilidade do produto: até o que não é leva seu nome!

Brasileiro gosta de arroz. Seja onde for que eu esteja cozinhando, sempre ouço aquela voz pedindo: "Não vai rolar um arrozinho?" O diminutivo ilustra bem o carinho que nossa gente tem pelo cereal. E viva o arroz de coco queimado, o bolinho de arroz fumegante, o saquê, o chá de arroz defumado! Sinônimo de festa e fartura, transforma-se em linda chuva sobre os recém-casados. Sem falar de seu casamento ideal em termos de nutrição e sabor: arroz com feijão. "Comeu feijão com arroz / como se fosse príncipe", celebra Chico Buarque de Hollanda. Nós também.

"Arroz na mão deste menino cresce", dizia minha mãe Edelvita. Eu ficava fascinado com o multiplicar-se do grão na panela, das formas e texturas que ele revelava. Até hoje admiro sua versatilidade. É, pois, com muita alegria que a Associação dos Restaurantes da Boa Lembrança, com restaurantes de todo o Brasil, fornece receitas exclusivas para esse alimento tão prazeroso. A festa é para nós todos!

CÉSAR SANTOS

Presidente da Associação dos Restaurantes da Boa Lembrança

Setembro de 2007

Sumário

Arroz em Festa	8
DANUSIA BARBARA	
Entradas	44
Pratos Principais	56
Acompanhamentos	120
Sobremesas	143
Receitas Básicas	156
Tabela de Equivalências	166
Glossário	168
Índice Remissivo de Restaurantes	170
Índice Remissivo de Receitas	171
Relação dos Restaurantes Associados	173
Sobre os Autores	175

DANUSIA BARBARA

Arroz
em Festa

Se Penélope, em vez de ficar tecendo de dia (e desmanchando à noite) o tapete que marcava sua espera por Ulisses; ou se Sherazade, em vez de contar histórias de mil e uma noites ao sultão Shahriyar; se ambas só falassem dos pratos e das serventias do arroz, certamente iriam assim até o infinito, assegurando a vida eterna. Porque esse pequenino grão é fabulosamente mágico em sua capacidade de assumir sabores, formas e funções diversas, como alimento, cremes e máscaras de beleza, material de construção.

Sua origem provavelmente explica tamanha variedade: surgiu na Índia, país que mais parece uma quimera em ação. É multidão para todos os lados: de povos, línguas, devaneios, costumes e crenças. Não obstante, tudo se encaixa, se complementa, dá certo. O arroz também é assim: fornece combustível à vida. Dos mais cultivados no mundo,[1] esse cereal tem até serventias especiais, como fazer parte de sonhos eróticos.

Numa noite de janeiro de 1996, sonhei que me jogava numa piscina cheia de arroz-doce, onde chafurdava com a graça de um boto. É meu doce preferido – o arroz-doce, não o boto – e, por isso, em 1991, em um restaurante de Madri, pedi quatro pratos de arroz-doce e, para complementar, um quinto, de sobremesa. Comi todos eles sem piscar, com a vaga esperança de que aquele nostálgico prato da minha infância me ajudaria a suportar a angústia de ver minha filha muito doente. Nem minha alma nem minha filha se aliviaram, mas o arroz-doce ficou associado, na minha memória, a consolo espiritual. No sonho, em compensação, não havia nada de elevado: eu mergulhava e esse creme delicioso acariciava a

Há pelo menos oito milênios, o arroz constitui a base alimentar dos povos orientais, tendo se espalhado depois para outras terras.

minha pele, escorregava entre minhas dobras e enchia a minha boca. Acordei feliz e me lancei sobre meu marido antes que o coitado conseguisse perceber o que estava acontecendo. Na semana seguinte sonhei que colocava Antonio Banderas desnudo em cima de uma tortilla mexicana, jogava um pouco de abacate e molho picante por cima, enrolava-o e o comia com avidez. Desta vez acordei aterrada. E pouco depois sonhei... bem, não vale a pena continuar enumerando, basta dizer que quando contei essas truculências para a minha mãe, ela me aconselhou a procurar um psiquiatra ou um cozinheiro. Você vai engordar, acrescentou.[2]

Grãos longos, redondos, semi-redondos, perfumados ou não, claros, vermelhos, escuros, é cereal multifacetado; dá origem a uma infinidade de pratos em culinárias de muitas culturas. Entre suas glórias, risoto, paella, sushi, pilaf, nasi goreng, rolinho vietnamita, arroz-de-hauçá, arroz-de-carreteiro, de coco, arroz-de-cuxá, de pequi, de bacalhau, de pato, malandrinho, arroz-doce.

Há pelo menos oito milênios, o arroz constitui a base alimentar dos povos orientais, tendo se espalhado depois para outras terras. É servido como pão, entrada, prato principal, acompanhamento, sobremesa e até sorvete. Transforma-se em vinhos, destilados, cervejas, aguardentes, vinagres, farinhas, massas translúcidas, biscoitos. Quando não é usado como alimento, pode virar papel,[3] palha,[4] óleo e até tijolo. Costuma-se extrair óleo comestível de boa qualidade do farelo de arroz no sul do Brasil, na Ásia e nos Estados Unidos (EUA). E, com a palha e a casca do arroz, é possível fazer até tijolos sem problemas.[5] Já a palha trançada dá origem a tatames de grande durabilidade.

Seja na China, no Vietnã, em Mianmar, no Camboja e em outros países asiáticos, arroz quer dizer comida e, por extensão, vida. Se alguém na Ásia lhe pergunta se já comeu hoje, isso significa que a pessoa quer saber se você já comeu arroz nesse dia. No Japão, há várias expressões que evidenciam a importância do cereal na cultura nipônica. Asa gohan significa arroz matinal, a primeira refeição do dia. Hiru gohan é o arroz da hora do almoço. Ban gohan quer dizer arroz do jantar. Ou seja, o arroz está presente em todas as horas do dia, e a população reverencia Inari, a deusa do arroz. Aliás, um dos primeiros nomes do Japão foi Mizu ho no kuni, a terra com pés de arroz (raízes) e partes dos caules submersos na água.

Na época de ouro dos samurais, o cereal tornou-se uma unidade de medida, o goku. Até hoje os japoneses consideram o arroz o alimento que proporciona o encontro entre o céu e a terra. Nas noites de setembro, durante as celebrações de lua cheia, a imaginação coletiva japonesa vê, no satélite, marcas, sombras de um coelho em plena ação de mochitsuki, ou seja, esmigalhando arroz numa vasilha para fazer o mochi, tradicional bolinho japonês das festas de fim de ano. O mochi é sempre preparado

> **Os japoneses acreditam que o arroz é a quintessência da alma japonesa; contém as almas dos deuses.**

pelo casal mais velho da família.

"Ainda vejo meus pais amassando o mochi num tronco escavado. Ele ficava com o martelão e ela mexia o arroz. Eu era pequena e pensava: e se o martelo acertar minha mãe?"[6]

Outro bolinho tradicional é o oniguiri, de arroz branco, sem tempero, só com um pouco de sal, moldado no formato triangular:

> Quando eu era criança, só sabia fazer redondo, então a minha mãe falava que redondo era só nas missas de defunto; para outras ocasiões, o formato era triangular. Tinha um jeito especial de fazer, quase um ritual. Era preciso passar a mão de fora para dentro para moldar o bolinho, e não de dentro para fora.[7]

Os japoneses acreditam que o arroz é a quintessência da alma japonesa; contém as almas dos deuses. O mochi representa as almas humanas contidas nos grãos do cereal. Quem come mochi coloca, segundo a tradição japonesa, um pouco do divino para dentro de si.

Existem muitos pratos e festas em que o mochi está presente. Ainda nos festejos do Ano-novo, é tempo de kagami mochi (um pudim feito de bolinhas de mochi de variados tamanhos). Posto à mesa, é sinal de que os deuses estão chegando das montanhas.

"Tudo na vida tem remédio, exceto a morte e o arroz empapado" – me disse Anonymous Gourmet, numa tarde dessas, muito ensolarada, enquanto observava desolado as conseqüências do equívoco lamentável da cozinheira.

(...) O arroz empapado, como se sabe, é o equívoco oposto ao arroz "unidos venceremos" (que tem conserto).

Segundo Anonymous, afora o arroz empapado e a morte (que ele considera os "pontos sem retorno"), para quase tudo há remédio, "porque não há o que uma boa autocrítica não resolva". (...)

"Se até um vinho passado tem remédio, por que não o arroz empapado?" – insisti, voltando ao arroz sem salvação. "Sempre se pode convertê-lo em bolinho frito de arroz."

Mas a resposta de Anonymous Gourmet veio com pitadas de fúria genuína: "Ora, por favor. A sua insistência é tão pouco inteligente que sugiro Miolos à Milanesa para acompanhar seus bolinhos – é um prato à altura da sua teimosia. Com o bolinho frito, você está tentando uma hipótese de vida depois da morte. Você quer a vida eterna para um arroz fracassado" – exasperou-se Anonymous Gourmet.[8]

Em qualquer parte do mundo

A capacidade do arroz de adaptar-se ao meio é excepcional: sobrevive abaixo do nível do mar e em altitudes de três mil metros (no Nepal e nos Andes peruanos). Agüenta o calor e o frio. Está presente na Manchúria e na gélida ilha de Hokkaido, no Japão; em áreas com mais de cinco mil milímetros de chuva por ano (Mianmar) e em outras que mal atingem trinta milímetros por ano (Arábia Saudita). Esparrama-se em Madagascar e em outras terras africanas, marcadas pela erosão do solo. Algumas variedades conseguem crescer em terreno salino. O único requisito para sua existência é haver água: por conta disso, os chineses aprimoraram as técnicas de irrigação e transformaram o arroz em planta semi-aquática.

Tamanho, cor e aroma variam, e a fartura em resultados quantitativos é considerável: cerca de dois mil grãos são obtidos de cada planta, ao passo que, do trigo, por exemplo, obtêm-se somente quatrocentos grãos – o trigo, porém, é mais pesado; ou seja, se uma planta de trigo tivesse o mesmo número de grãos do arroz, ela quebraria pelo peso. Nem sempre o fator quantitativo é o mais importante em termos nutricionais. O poder político do arroz, contudo, é enorme, pois ele alimenta multidões.

O arroz também tem seu lado fetiche. Alain Ducasse, um dos mais renomados chefs franceses, confessa que às vezes mastiga grãos de arroz crus que ele traz nos bolsos junto a alguns grãos de pimenta.[9] Evidentemente não se trata de fome.

Vrihi, Oryza, Arroz

Em sânscrito, arroz é vrihi. Em grego, oryza; e al-ruz, em árabe, deu origem a arroz, em português. Fruto das gramíneas da família das Poaceae, apresenta considerável variedade de tipos. São duas subespécies (índica e japônica) e cerca de 150 mil variedades. *Oryza* divide-se em duas espécies que têm significado comercial: *Oryza sativa*, encontrada em qualquer parte do mundo; e *Oryza glaberrima*, arroz vermelho do delta do Níger, na África.

Há outra família erroneamente chamada de arroz, apesar de nada ter em comum com *Oryza*: é a *Zizania acquatica*, mais conhecida como arroz selvagem, nativo dos brejos da região dos Grandes Lagos, na fronteira entre os EUA e o Canadá. De grão longo e fino, gostoso, cresce em águas geladas. Para os sioux e outras tribos indígenas, é "o grão sagrado".

Glaberrima e *Zizania* representam uma pequeníssima porcentagem da produção do cereal. Quando se fala de arroz, em geral pensamos em *Oryza sativa*, encontrada em todos os continentes, e que se subdivide nas espécies índica e japônica.

Diferenças entre índico e japônico

- Arroz índico – Ideal para os climas tropicais. Seu grão é mais longilíneo e claro, parece vitrificado, não absorve o líquido quando está sendo cozido, permanece firme. Mais comum na Índia, também está presente em certos pratos no Japão (como o sushi). Na China, é preferido no sul. Repare como o chinês do sul come arroz: com a tigela bem perto da boca, pois os grãos da espécie índica não se grudam bem e são difíceis de manusear com os hashis. Já os que consomem a espécie japônica permitem-se alguma distância da tigela. Depois da Segunda Guerra Mundial, com investimento maciço de propaganda e robusto *lobby* dos fazendeiros americanos, tornou-se mais usado na Europa. O arroz índico inclui a família dos arrozes perfumados – basmati, na Índia e no Paquistão; jasmim, na Tailândia. São aromas tão potentes que perfumam os campos cultivados.

- Arroz japônico – Suporta temperaturas mais frias e necessita de mais tempo de exposição ao sol, tornando-se atraente nos climas continentais. Seus grãos são mais curtos, absorvem os molhos e facilmente se transformam em uma pasta cremosa. A maioria dos arrozes italianos pertence a essa subespécie (carnaroli, arbório, vialone nano, baldo), bem como a variedade espanhola bomba, da Calasparra, principal ingrediente das paellas. É comum também no Japão, embora certos pratos peçam a espécie índica, caso do arroz usado como suporte no sushi, que precisa ser grudento e não absorver o molho ou o condimento. Na China, é mais presente na região norte.

> Comida de alma é aquela que consola, que escorre garganta abaixo quase sem precisar ser mastigada, na hora da dor, da depressão, da tristeza pequena. Não é, com certeza, um leitão pururuca, nem um menu nouvelle seguido à risca (...). São as sopas. O leite quente com canela, o arroz-doce.[10]

Por volta de 92% da produção mundial de arroz concentra-se na Ásia: na China em primeiro lugar, seguida de Índia, Indonésia e Bangladesh. São mais de 250 milhões de fazendeiros, quase todos pobres, cultivando arroz. Muitos se expõem a inseticidas fortes, e as condições de trabalho são árduas. Mas, se em alguns lugares ainda são usados métodos primitivos, no máximo com a ajuda de búfalos, em outros, como nos EUA e na Austrália, são os aviões que fazem a semeadura.

Um exemplo

Katsuhiko Takedomi, vencedor do prêmio Slow Food pela Biodiversidade em 2002, é hoje o último produtor do tradicional kome ame, um molho muito especial de arroz, com aromas de frutas vermelhas. Ele redescobriu três variedades nativas japonesas com gosto interessante e altas qualidades nutricionais, que permitem preparar deliciosas versões em preto, vermelho e verde de antigas receitas japonesas. O arroz verde (midori mai) é rico em clorofila e fácil de cozer. O vermelho (aka mai) contém vitaminas e minerais e é menos pegajoso que o preto. Por sua vez, o preto (kuro mai), também rico em nutrientes, misturado com um pouco de arroz branco cozido, transforma-se num alimento róseo, com aroma de frutas vermelhas selvagens, recomendado para mães convalescentes ou em fase de amamentação. Outros pratos e bebidas surgem dessa redescoberta, como o chá temperado pelos grãos do arroz vermelho e do arroz preto tostado.

Tailândia, terra do jasmim

Perfumes e aromas próprios, cada elemento do prato servido numa pilha separada, cores arrumadas ao redor do arroz: o gourmet cria seu prato e controla o uso de temperos. A culinária thai é fascinante, delicada, múltipla: combina gostos contrários, como doce e salgado, amargo e picante, numa única garfada. Os tailandeses souberam absorver quitutes de seus vizinhos, como as salsichas originárias de Mianmar, ou o Khao mok kai, arroz cozido no vapor, com frango, cebolas vermelho-arroxeadas e boa quantidade de especiarias, oriundas da tradição chinesa. Comidas de inspiração muçulmana e indiana também participam dessa fusão asiática.

Seja qual for o prato, porém, um alimento se destaca nessa culinária instigante ao paladar: o arroz perfumado a jasmim, quase onipresente. Sua textura é macia e úmida, e os grãos, alongados e finos. Proporcionam verdadeiras jóias, como o prato khao uam (salada de arroz similar às da Malásia) e outros recentemente divulgados. As receitas, guardadas como segredo militar, faziam parte do acervo da culinária real tailandesa e só nas últimas décadas foram reveladas ao público. Khao chae, por exemplo, é arroz servido numa vasilha com água fria, perfumado a jasmim e outras flores, acompanhado de pasta agridoce de camarões, rabanetes em conserva, pedaços de palmeira adocicada e gemas.

No Vietnã, o macarrão de arroz é quase onipresente em pratos deliciosos, que inspiraram o chef Anthony Bourdain em sua busca pelo prato perfeito, como o pho:

Algo melhor para comer neste planeta que um prato bem preparado de pho? Não sei dizer. Poucas coisas chegam perto. É a soma de tudo, um caldo quente e translúcido, cheio de pedaços de carne de caranguejo, rosa e branca, macarrão de arroz, broto de feijão e coentro fresco picado. (...) O pho está delicioso, picante, quente, complexo, refinado e absurdamente simples.[11]

Presente indiano

Nas trilhas e no sopé do Himalaia, cultiva-se o basmati. Para esse arroz são criados terraços, como caminhos envolvendo as montanhas. Lembram aqueles que os portugueses fazem para cultivar as uvas do Douro, que se transformam depois em vinho do Porto. De grãos finos e longos, aroma de nozes, leve, é arroz para pratos como o kheer (pudim de arroz-doce, textura cremosa). O biryiani, espécie de risoto perfumado, com especiarias, legumes e castanhas. Ou o saboroso pulao (ou pilaf, arroz cozido e solto, temperado com canela, cardamomo, curry, nozes, amêndoas, amendoim e carne). A tradução literal de seu nome é "rei das fragrâncias". Mas não pensem que todos os indianos ficam extasiados. Muitas vezes sua postura diante da comida é decepcionante (para um gourmet ocidental). Veja o depoimento do roteirista Jean-Claude Carrière, muitas idas à Índia e autor do magnífico livro *Índia, um olhar amoroso*:

Como sempre na Índia, refeição rápida e em silêncio. Em menos de dez minutos, tudo engolido. A cordialidade não tem nada, ou quase nada, a ver com a comida. Nem uma palavra sobre a qualidade dos tali. Como todos, os patrões comiam com os dedos, de cabeça baixa, misturando legumes, iogurte e molhos com o arroz disposto no centro do prato. Aprendemos a fazer a mesma coisa. São muito raros os momentos em que a comida aparece como um prazer, digno de ser apreciado e comentado, segundo o costume francês, em que a palavra reforça o sabor. Aqui, um equilíbrio vegetariano composto a partir dos produtos do lugar foi encontrado de uma vez por todas. Em todo o sul, comemos quase sempre a mesma coisa duas vezes por dia. Daí uma indiferença nascida da repetição. O estrangeiro aprecia a comida no primeiro dia, às vezes até no segundo. No terceiro, começa a se entediar, gostaria de um pouco de variedade. Após uma semana, ele esquece que come e apenas se alimenta, como os indianos.[12]

Mas o arroz participa dos principais momentos místicos da Ásia, como no surgimento do budismo:

Sofrer, para Buda, é nascer, envelhecer, ficar doente, estar unido a quem não se ama, estar separado de quem se ama, não realizar seu desejo. Para encontrar um remédio para esse sofrimento essencial, que em sânscrito se chama *dukha*, o príncipe errante percorreu uma parte da Índia do Norte, consultou homens considerados sábios, passou seis anos numa montanha reduzido a um ascetismo extremo. Tudo isso em vão. Foi nele mesmo que encontrou a resposta, exatamente em Bodhgaya, onde renunciou à austeridade e aceitou um prato de arroz das mãos de uma jovem. Os cinco discípulos que o seguiam o abandonaram, decepcionados com esse gesto, que tomaram por fraqueza. Ele sentou-se então sobre um tufo de vegetação ao pé de uma figueira-de-pita e jurou não se mover antes de encontrar uma boa resposta para suas perguntas.[13]

Também está presente nos momentos cotidianos, práticos, básicos: os monges budistas asiáticos têm de pedir comida (entenda-se, arroz) a cada dia que passa, para poder ter o que almoçar. Um ato de humildade, pois não podem cultivar nada para si, exclusivamente. Quem já esteve em Mianmar ou no Laos, por exemplo, grava para sempre a imagem das grandes filas de monges, todos vestidos ou envoltos em panos de tom laranja, esperando sua vez para pedir arroz. Vez por outra, uma espécie de mantra soa ao fundo. Do outro lado, fica a família dos doadores reunida e comandando o esvaziar dos panelões, servindo porções de arroz nos pratos dos monges. É um ritual singelo, bonito, que toca a alma de quem assiste ou participa.

Arroz é bebida

Centenas de vinhos, licores, aguardentes e destilados se fazem à base de arroz. O Langkau, por exemplo, é um destilado da Malásia de odor bem forte. Tuak é um vinho de arroz glutinoso. Antigos manuscritos já faziam alusões a vinhos à base de arroz na China, na Coréia e no Japão. Claudius Elianus, autor do *De natura animalium*, comenta que os elefantes domesticados bebem água, mas os elefantes bravos e lutadores bebem vinho de arroz. Marco Polo escreveu sobre um vinho "que leva arroz, especiarias e é melhor do que qualquer outro vinho".

Os vinhos à base de arroz também se apresentam (como os vinhos à base de uvas) em modalidades doces, demi-sec, secos e aromáticos. Podem ter uma cor leve, vermelha, preta ou marrom. Um dos mais conhecidos é o huang jiu (*huang* quer dizer amarelo, e *jiu*, bebida). Outro é o zhou, que significa vinho saudável.

No Japão, o mais famoso drinque à base de arroz é o saquê, que significa prosperidade. Mas há também o mirin (mais açucarado) e o sakurada (lembra cerveja). Enfim, uma sucessão de nomes desconhecidos para o Ocidente: chum-chum vem da Indonésia; samsu, da Malásia; tapuy, das Filipinas, e ruou ran, do Vietnã. Este último, aguardente de arroz, costuma ter uma cobra ou escorpião dentro da garrafa para – explicam os nativos – incrementar a potência sexual de quem o bebe.

Vinho de arroz chinês

O mais conhecido arroz chinês é o Shaosing, da província de Chekiang (Zheijiang), no nordeste do país, onde, há mais de 2.000 anos, é feito de uma mistura de arroz pegajoso, painço, levedura e água de nascente local. Na China é conhecido por "flor esculpida", pelo desenho nos potes onde é armazenado, ou por "vinho das filhas", porque tradicionalmente quando uma filha nasce, põe-se de parte algum vinho para ser bebido no seu casamento. O Shaosing é envelhecido pelo menos 10 anos e às vezes 100 anos! Como bebida para acompanhar a refeição, deve ser servido quente em pequenas taças sem asa.[14]

Itália

Risoto é hoje palavra mágica na culinária mundial. O *boom* dos risotos está em seu ápice: não há restaurante italiano sem risoto no menu. Preparado com arroz especial (arbório, carnaroli, roma, vialone nano), usando as mesmas técnicas e só variando nos complementos (legumes, cogumelos, queijos, pancettas etc.), tornou-se uma unanimidade: é prato delicadamente cremoso, macio, mas não pastoso, criado no século XVI em Milão, mas só agora reverenciado. Até por chefs como Alain Ducasse, que afirma poder comer risoto em todas as refeições, desde que alternando com macarrão: "Me regalo sem nunca me cansar."[15]

Na área jurídica, o cereal também é notícia, merecendo artigo interessante na revista Slow Food, número 6, ano 2003: se você compra um pacote de arroz arbório, isso nem sempre significa que você comprou um arroz dessa espécie. Não se trata de fraude, mas de um costume legal na Itália. Segundo a lei italiana, as variedades de arroz com características físicas similares podem ser vendidas sob um nome genérico. Se o similar – vialone, por exemplo – for inferior em qualidade, mas tiver um rendimento 30% maior e for mais resistente a pragas, o fazendeiro e o comerciante certamente ficarão satisfeitos. Resultado: se em 1985 o arbório era cultivado em 16 mil hectares, e o

O arroz chegou à Espanha, a Portugal, à Itália e à França por intermédio dos mouros.

vialone, em apenas dois mil hectares, hoje acontece o contrário: são vinte mil hectares de vialone para cinco mil de arbório. Em breve, se nada mudar esse quadro, o arbório será uma espécie em extinção. Mas a engenharia genética atua, criando variantes. Em 1999, a Itália lançou o riso Venere (arroz de Vênus), de cor preta, grãos de tamanho médio, aroma de sândalo e de pão recém-saído do forno.[16]

> O risoto não pode ser improvisado; ele precisa de uma alquimia muito especial (...) depois de dourar o arroz na gordura, acrescenta-se o caldo, aos poucos, à medida que o líquido vai sendo absorvido pelo arroz, mexendo sempre com uma espátula. Durante o cozimento, que dura uns vinte minutos, o risoto não pode ficar sozinho nem por um instante.[17]

O arroz chegou à Espanha, a Portugal, à Itália e à França por intermédio dos mouros. Foi introduzido no sudeste da Europa pelos turcos.

Considerados excelentes comerciantes e dotados de faro para os negócios, os árabes corriam mundo em busca de mercadorias que pudessem lhes proporcionar bons lucros. Descobriram o arroz na Índia e deram-lhe o nome de al-ruz, contando que tinha nascido de uma gota de suor de Maomé caída no paraíso.[18]

Na Idade Média, era usado para propósitos medicinais e como ingrediente em sobremesas. Na época, era classificado como especiaria. Mais tarde, passou também a ser usado em pratos de sal. No século XVI, era definido como "vegetal da Renascença". Hoje, a Itália é líder na produção européia de arroz – o que não significa muito, diante da produção asiática. Entre seus trunfos culinários, os bolinhos de arroz (arancini) sicilianos e os risotos do Piemonte (Turim e Milão). Pode-se fazer risoto de quase tudo, de trufas brancas à tinta de lula, do vinho Barolo aos legumes da horta, de queijos a frutas.

> "Os morangos historicamente fingiram ser apenas sobreme-sa, numa espécie de casamento indissolúvel com o creme ou a nata, no máximo freqüentando tortas doces, e por isso ninguém os imagina de outra forma que não seja sobremesa" – filosofou Anonymous em tom contemplativo. "No risoto, preparado com sal, cebola, pimenta, estamos diante de uma rebelião dos morangos."
>
> "Morangos com arroz! Que coisa extraordinária!"[19]

De pai para filho

A paella é uma das jóias da culinária espanhola. Apresenta várias versões, sendo algumas polêmicas: nem todos aceitam combinar numa única caçarola pedaços de carne (porco, coelho, frango), peixes e frutos do mar, legumes, vegetais e – fundamental – o arroz (da variedade bomba, da Calasparra). Tudo pode entrar ou não na sua cocção, mas o arroz é o único cuja presença é constante. Sem arroz não há paella. Cada família tem seu segredo de feitura, que – atenção, homens – passa de pai para filho, como revelou Vicente Más Gonzáles, o Paquito, proprietário do restaurante Parador Valencia, em Petrópolis, Rio de Janeiro.[20]

É prato de machos, que o fazem para elas... esposas, amantes, mulheres queridas. Ou seja, "el" preparando "para ella". A paella deve ser grandiosa, de preferência cozida lentamente no fogão de lenha. Muitas vezes é feita fora de casa, pois é rústica, tida como comida do campo. Houve tempos em que os trabalhadores faziam uma única paella: todos se sentavam ao seu redor, cada qual com seu talher, e iam compartilhando da refeição única. Qual a diferença entre uma paella e um risoto? São usados tipos diferentes de grãos, e o arroz da paella não deve ser mais mexido a partir do momento em que entra na panela, ao contrário do risoto, que deve ser mexido o tempo todo.

A paella não tem limites em uso de produtos. É um prato para o mundo, como obras de Picasso, Miró, Dalí. Mas os valencianos não abrem mão do título de inventores do prato.

A tradição da paella está tão envolta em paixões na Espanha que, por ocasião das festas multirregionais típicas, a exemplo da Feira de Madri, os paelleros chegam a exigir que a água de preparo seja a original, do rio Túria, que banha Valência.[21]

Na África

O arroz vermelho que cresce na África, onde é cultivado há quatro milênios, é o *Oryza glaberrima*. Os marinheiros europeus costumavam, à época dos descobrimentos, chamar a região entre o Senegal e a Costa do Marfim de "Costa do Arroz", pois era um cereal comum e nativo daquelas terras. Na culinária africana, o *glaberrima* é cozido de tal forma que cada grão fica independente. Depois é misturado com quiabo, feijão, verdinhos: uma delícia.

Em Madagascar, há uma variante meio asiática, meio africana, o *varymena*. De gosto de nozes marcante, o *glaberrima* tem os melhores grãos separados para os doentes ou mulheres que estejam amamentando, pois é considerado mais nutritivo que o arroz branco usual. Durante a escravatura, muitas mulheres trouxeram sementes de arroz escondidas nos cabelos e aqui o plantaram, garantindo um alimento de que gostavam e preservando a lembrança da pátria africana. Foram elas que o tornaram conhecido no Brasil.

Brasil

> Pra festa vai muita moça / Vai feia, vai bonitinha /
> As feia são toda sua / As bonita toda minha /
> Enquanto o arroz cozinha /
> Nós conversa e tira uma linha[22]

Nem todo brasileiro dá importância a um prato de arroz, seja ele soltinho ou grudento. Luiz da Câmara Cascudo explica que o cereal da família das gramíneas é popular por aqui, ninguém o desconhece, mas ele não compete ainda com a farinha de mandioca ou com o milho:

O povo come arroz indiferentemente, como quem saúda amigo vulgar no mecanismo da obrigação diária. Normalmente é um conduto, n'água e sal, acompanhando a iguaria principal, peixe ou carne.[23]

Associado ao feijão, torna-se prato mais consumido, presente na literatura, na música, no folclore:

Comeu feijão com arroz como se fosse um príncipe /
Bebeu e soluçou como se fosse um náufrago[24]

Isso de feijoada completa com arroz ou com laranja é heresia: o primeiro abranda e a segunda corta o gosto[25]

Um, dois, feijão com arroz /
Três, quatro, feijão no prato[26]

Pode me faltar tudo na vida /
Arroz, feijão e pão pode me faltar...[27]

Eu quero paz e arroz /
Amor é bom e vem depois.[28]

O arroz se tornou fundamentalmente português: arroz de bacalhau, arroz de Braga, arroz com mexilhões – formas reduzidas das "caldeiradas", e mais o arroz-doce e o arroz-deleite. E se tornou fundamentalmente brasileiro, carioca, ao ser rimado com o feijão e, mais tarde, transformado numa espécie de canto-firme dos pratos de carne, de peixe, de legume.[29]

Ébrios da vitória, celebraram o feito com um grande festim, no qual cantaram este hino magnífico: "Glória a nós, que somos o arroz da ciência e a luminária do universo."[30]

Se você for à Grécia e conseguir encontrar um arroz à grega, vai estranhar: não é como os feitos aqui. O mesmo acontece com quem vai a Moscou (nada de arroz à moscovita), Cuba e outros lugares. Os arrozes que lá preparam não são como os daqui. Em compensação, Portugal e Brasil se esmeram no arroz de forno, como registram Eça de Queiroz e Luis Fernando Verissimo:

> Casimiro não compreendia esta cobiça de uma mitra, cravejada de pedras vãs: para ele, a plenitude de uma vida eclesiástica era estar assim aos sessenta anos, são e sereno, sem saudades e sem temores, comendo o arrozinho do forno da Senhora D. Patrocínio das Neves... Porque deixe-me dizer-lhe, minha respeitável senhora, que este seu arroz está um primor!... E a ambição de ter sempre um arroz destes, e amigos que o apreciem, parece-me a mais legítima e a melhor para uma alma justa...[31]

> O jantar foi um arroz montanhês no qual a lingüiça, o milho, a cebola e a maçã se apresentavam em escandalosa promiscuidade, isto para só falar nos ingredientes que eu decifrei.[32]

A professora Regina Maria de Souza Moraes, nascida no interior de Minas, em depoimento exclusivo para este livro, conta dos seus tempos de menina lidando com o cereal:

Arroz, aqui tenho coisas pra falar. A lembrança dos bolinhos de arroz e meus dedinhos vermelhos limpando o moedor de carne cheio de massa de arroz com queijo... E os mexidos feitos no fogão de lenha, deliciosos com banana-maçã e arroz! É uma da manhã. Acabei ficando faminta... de fome mesmo e de minha infância.

Em outro momento, Regina registra:

No meio da manhã, o cheiro do arroz refogado enchia toda a casa, era um desperdício de cheiros: a gordura de porco e o alho recém-amassado faziam cócegas em nossos narizes. A meninada rodeava o fogão de lenha pressentindo gostosuras. Um vaporzinho tênue escapava das tampas das grandes panelas de ferro em que o arroz branquinho inchava generoso. Ali estava o prato básico da cozinha da fazenda que se resumia a arroz e feijão com farinha de milho, carne de porco conservada em gordura e as verduras da horta. Tudo era harmonioso e bom para nossa fome de criança.

A festa maior ainda estava por vir. O arroz agarrado no fundo da panela e fazendo uma massa crocante era nossa cobiça maior. Era o prêmio que recebíamos da cozinheira na hora da lavagem da louça. Apertar entre os dedos esse arroz que sobrou e fazer dele pequenos rolos para serem deliciados em seguida era nossa aventura gastronômica.

As sobras viravam bolinhos para serem comidos na hora do café da tarde. Novamente a criançada ficava por ali esperando sua vez. O arroz ia passando pelos dentes do moedor de carne, tudo se amassando e amalgamando ao queijo-de-minas que ia junto. As pequenas tiras que caíam dentro da tigela eram disputadas a tapas: a mãe querendo conservá-las para seus bolinhos, e nós querendo devorá-las numa avidez descontrolada. Finda a operação, nossos dedinhos espertos percorriam cada pedacinho das entranhas da máquina agora desventrada; buscávamos, com uma vontade incrível, os últimos deliciosos resquícios. Mas logo abandonávamos o local em busca de outros sítios apelativos: lá estava, na beirada do fogão, a travessa cheia de bolinhos com uma pele amorenada e queijo escorrendo pelos poros, e a tudo isso se juntava o café recém-coado.

Arroz é eclético, participa de piadas, historinhas folclóricas, tradições culturais. Joga-se arroz sobre os noivos no dia do casamento por ser símbolo de fartura e bem-estar. Ou deixa-se uma tigela de arroz cozido aos pés dos mortos, para que eles possam se alimentar em sua viagem ao Além.

Arroz & humor

- *Fulano é um arroz; só acompanha;*

- *Arroz unidos venceremos (grudento);*

- *Nem sabe fazer arroz-doce (pessoa ignorante);*

- *Arroz-de-festa ou arroz-doce-de-pagode (pessoa que não falta a uma festa);*

• *Chá-de-burro (arroz de leite de vaca);*

• *Arroz-de-viúva (arroz com leite de coco, sal e nenhum açúcar);*

• *Pó-de-arroz doente (torcedor fanático do Fluminense Futebol Clube, do Rio de Janeiro).*

Há esta lenda chinesa que se segue:

Uma vez um discípulo perguntou a seu mestre:
– Mestre, qual a diferença entre o céu e o inferno?
O mestre respondeu:
– Ela é muito pequena; contudo, com grandes conseqüências.
– Como assim? – perguntou o discípulo.
O mestre explicou:
– Certa vez, vi uma panela cheia de arroz cozido e preparado como alimento. Ao redor dela muitas pessoas famintas, quase a morrer de fome. Elas não podiam se aproximar da panela de arroz. A única forma de alcançar um pouco de arroz era com um palito de dois metros de comprimento. Apanhavam o arroz, mas não conseguiam levá-lo à própria boca, porque os palitos em suas mãos eram muito longos. Parecia que não havia jeito para saciar a fome diante daquela fartura. Isso era o inferno.

Em seguida, o mestre completou:
– Mais adiante, no entanto, vi outra panela cheia de arroz cozido e preparado para alimento. Ao redor dela havia muitas pessoas famintas que também não conseguiam se aproximar da panela, exceto por uns palitos de dois metros em suas mãos. Uma vez que apanhavam um pouco de arroz, em vez de levá-lo

à própria boca, eles serviam o arroz uns aos outros. Todos comeram e ficaram satisfeitos. Agiram de forma fraterna, solidária. Isso era o céu.

Curiosidade: na França, até princípios do século XX, havia a figura do oficial rizpainsel, encarregado de distribuir o "rango". *Rizpainsel* resumia os artigos fundamentais da alimentação dos soldados: *riz* (arroz), *pain* (pão), *sel* (sal).

Quando os portugueses chegaram ao Brasil, encontraram arroz nativo – o chamado arroz-vermelho. O francês Jean de Léry, em 1557, em suas andanças pelo Rio de Janeiro, assinalou em seus diários a existência do cereal. Em 1576, Pero Magalhães de Gondavo dizia existir "muito arroz" na terra. Para os índios do litoral, o arroz era o aiuti-i, ou seja, milho-d'água. Ainda longe do arroz branco que se conhece hoje.

Aos poucos, a culinária regional foi incorporando o cereal e criaram-se pratos famosos: do Maranhão surgiu o arroz-de-cuxá, com molho à base de folhas de vinagreira, gengibre e outros temperos. A Bahia investiu no hauçá; o Centro-Oeste revelou o arroz de suã e o de pequi; enquanto o gaúcho se fartava com seu arroz-de-carreteiro.

O jornalista e escritor Odylo Costa Filho, maranhense roxo, fez uma deliciosa declaração de amor ao arroz-de-cuxá:

> Um prato em que devem ficar juntas e separadas todas as coisas, formando um sabor novo no conjunto, mas bem perceptível no particular de cada uma delas (como numa sinfonia se identificam os violinos, o piano e as flautas). No verdadeiro cuxá, a vinagreira lembra que a vida é às vezes

ácida, mas sem esse tempero de azedume não pode ser vivida; a farinha doce, embora um pouco monótona, lembra o próprio ser; o quiabo lembra o gosto das aglutinações físicas e morais, o gosto das afinidades eletivas; o gergelim lembra à gente o nascimento da civilização, que da Babilônia foi ao Egito, e do Egito a Israel, como foi às Índias, de onde as naus portuguesas chegaram com oleosas volúpias; o camarão fresco lembra o mar e será bastante presente para dar a sensação de vísceras tenras; o camarão seco lembra o sol do equador e o sal das costas.[33]

- Arroz-de-carreteiro – Leva esse nome porque era a comida que mais resistia ao tempo e ao clima, sem estragar, nas idas e vindas dos tropeiros. Saborosa, espraiou-se também para Goiás e Tocantins, onde sofreu uma mudança de sexo no nome: passou a chamar-se arroz maria-isabel. O sertanista Orlando Villas Bôas, em seu diário de viagem da Expedição Roncador-Xingu, cita o maria-isabel como o prato mais querido dos sertanejos que seguiam com ele selva adentro, na epopéia que chamou de *A marcha para o Oeste*.

- Arroz de suã (carne da parte inferior do lombo de porco) – Comum no Centro-Oeste, é o trivial que, em certas conjunturas, é celestial. Segundo Antônio Houaiss, é prato de atrair penetras à casa de quem o faz.

- Arroz de pequi – Arroz cozido com a polpa e a amêndoa da fruta do pequi, acompanha bem carnes variadas. Iguaria de Goiás e Mato Grosso.

- Arroz-de-hauçá (o nome homenageia os sudaneses muçulmanos da Nigéria que vieram como escravos para cá, no século XIX) – À base de arroz e carne-seca ou carne-de-sol gorda, acompanhado, de regra (na Bahia), de molho de acarajé.

- Arroz-de-leite – É prato doce, feito de arroz cozido no leite, aromatizado com cravo ou casca de limão. Antes de ser servido, é polvilhado com canela em pó.

Parboilização

O arroz não é apenas um elemento do prato. Para aumentar sua capacidade nutritiva, submete-se à parboilização, criada há séculos na Índia e no Paquistão. Hoje, com novos recursos, continua-se investindo nesse processo, que salvou muitas vidas de enfermidades como o beribéri, uma espécie de fadiga crônica.[34] Segundo a Empresa Brasileira de Pesquisa Agropecuária (Embrapa), o arroz parboilizado é aquele que, ainda em casca, é submetido a um tratamento com água e calor, resultando, por isso, em maior facilidade no descascamento, diminuição de quebrados, valor nutritivo mais elevado, aumento do teor de vitaminas, em especial as do complexo B, ideal para eliminar doenças, como o citado beribéri.

Conserva-se durante anos sem se deteriorar – os gorgulhos, que causam prejuízos anuais de vários milhões de dólares, não podem "meter o dente" nesses carocinhos duros e polidos como vidro. Entre as vantagens econômicas e sociais que o parboilizado apresenta está o aumento da renda e dos rendimentos,

> Além de alimentar e resguardar os seres humanos de doenças, o arroz abre caminhos artísticos, gerando possibilidades de trabalho e renda.

quando comparado com o arroz branco convencional. O maior estado brasileiro consumidor do parboilizado é o Rio de Janeiro.[35]

Recentemente, em agosto de 2005, um consórcio internacional formado por cientistas de dez países informou que havia sido revelado o código genético do arroz. Isso é fundamental para combater a fome, dizem especialistas como Robin Buell, do Instituto de Pesquisa Genética, que participou da pesquisa. Pois irá apressar a busca por genes capazes de aprimorar a produtividade dos cultivos e a imunidade a determinadas doenças.

Concluir o seqüenciamento do genoma do arroz também ajudará os pesquisadores a entender outros cultivos importantes para o ser humano. Do ponto de vista genético, o arroz é muito similar ao milho, ao trigo, à cevada e ao sorgo. "Podemos usar o genoma do arroz como base para estudar a genética de outros cereais", afirmou Buell.[36]

Além de alimentar e resguardar os seres humanos de doenças, o arroz abre caminhos artísticos, gerando possibilidades de trabalho e renda. Como o caso da jovem Aquimy Romero, que produz e vende gargantilhas com pingentes feitos de grãos de arroz com nomes escritos (em geral, a pedido de namorados). Ela aprendeu a técnica com o avô, um japonês que migrou para o Brasil ainda menino e, hoje, aos 76 anos, é agricultor em Dourados (MS). Numa reportagem do jornal *O Globo*,[37] a história ilustra um sucesso: com o que ganha, Aquimy voltou à escola e, em 2006, pretendia concluir o ensino médio. Passou a juntar dinheiro para fazer um curso de radiologia e, assim, conseguir um emprego.

Em destaque

- O arroz está entre os cereais mais cultivados no mundo.
- A China, que produz cerca de 181,5 milhões de toneladas/ano de arroz moído, triturado, é o maior produtor e consumidor do grão.
- Maiores exportadores? Tailândia, Vietnã, Índia, EUA, China.
- O Brasil ocupa o décimo lugar entre os produtores de arroz, com uma safra em torno de dez milhões de toneladas/ano.
- Está para ser inaugurado o Museu do Arroz no Rio Grande do Sul.
- O arroz pode ser branco, preto, vermelho e verde (repleto de clorofila).
- Os arrozais ocupam dez por cento das fazendas do mundo, ou seja, mais de quinhentos milhões de hectares.
- O arroz parboilizado acabou com o beribéri, suprindo a carência humana pela vitamina B.
- Berço do processo de parboilização: Índia e Paquistão.
- A farinha de arroz dá origem a massas finíssimas, leves, ideais para pratos asiáticos ou a culinária que mescla Oriente com Ocidente.

- Presente em vários produtos cosméticos, como esfoliantes, pós-de-arroz, hidratantes, máscaras. As gueixas já sabiam disso há muito.

- Terras baixas, altas ou submersas – o arroz adapta-se aos terrenos mais diversos.

- Está entre os alimentos de maior aceitação mundial. Os outros são: frango, abóbora, chá (como bebida) e banana (como sobremesa).[38]

- Na Ásia, o McDonald's vende hambúrgueres com pão preparado à base de farinha de arroz, para seduzir o paladar local e ampliar as vendas.

- Oferenda para deuses na celebração de batizados, casamentos, funerais e outras festas, o arroz na Índia é metáfora de abundância, fertilidade, algo sagrado e vital. Os indianos o chamam de "o que nunca morre, o que nunca se acaba".

- Para os japoneses, o arroz é o melhor de todos os medicamentos. Para os chineses, o perfume do vapor saindo da panela que cozinha arroz é o cheiro da vida.

NOTAS

1 Em área sim; em produção, depois do milho e do trigo.

2 Allende (1998, pp. 24-25).

3 Quem observa os feixes de folhas de arroz não imagina que daquelas fibras disformes surge um dos papéis de maior durabilidade e beleza do mundo, o washi. Ele é utilizado em artes como o origami e em bonecos de papel, biombos, pinturas.

4 "Em algumas culturas, as mulheres que pisam nos grãos de arroz devem estar com os seios descobertos em virtude da antiga crença de que, quanto menos roupa elas usarem, mais fina será a palha do arroz." Em Fernández-Armesto (2004, pp. 67 e 77).

5 A casca do arroz é muito abrasiva. Tem 5% de sílica, o que permite seu uso em construções de paredes com tijolos.

6 Heck e Belluzzo (1998, p. 73).

7 *Idem.*

8 Machado (1994, pp. 73 e 75).

9 Ducasse (2005, p. 27).

10 Horta (1995, p. 15).

11 Bourdain (2003, p. 77).

12 Carrière (2002, p. 223).

13 *Ibid.*, p. 44.

14 Miranda (2001, p. 23).

15 Ducasse (2005, p. 27).

16 Lopes (1999, p. 111).

17 Ducasse (2005, pp. 27-28).

18 Zarvos e Ditadi (2000, p. 95).

19 Machado (1994, pp. 91-92).

20 Membro da Associação dos Restaurantes da Boa Lembrança, em Itaipava, Rio de Janeiro.

21 Amato, Carvalho e Silveira (2002, p. 191).

22 Quadrinha popular (provavelmente do século XIX) citada em Alves Filho e Giovanni (2000, p. 24).

23 Câmara Cascudo (1983, p. 510).

24 Da canção "Construção", de Chico Buarque, *in* Chediak (s/d, p. 72).

25 Nava (1976, p. 21).

26 Do folclore brasileiro.

27 Marchinha de carnaval.

28 Jorge Benjor.

29 Figueiredo (1964, p. 63).

30 Machado de Assis (s/d, 177).

31 Queiroz (s/d, p. 70).

32 Verissimo (2001, p. 49).

33 Souza e Ceglia Neto (1983, p. 109).

34 Ao fim do século XIX, o beribéri atingiu proporções assustadoras, espalhando-se pela China, a Tailândia, o Tibete, a Indonésia e a Malásia. A doença causa a degeneração do sistema nervoso e do coração, matando as vítimas lentamente. Até descobrir-se que as pessoas que comiam arroz parboilizado, como os indianos ou os paquistaneses, escapavam da doença.

35 Amato, Carvalho e Silveira (2002, p. 208).

36 *O Globo*, 11/8/2005, p. 36, coluna Ciência & Vida.

37 *O Globo*, 27/3/2006, p. 14.

38 Farb e Armelagos (1985, p. 191).

REFERÊNCIAS BIBLIOGRÁFICAS

ALGRANTI, Márcia. *Pequeno dicionário da gula*. Rio de Janeiro: Record, 2000.

ALLENDE, Isabel. *Afrodite: contos, receitas e outros afrodisíacos*. Rio de Janeiro: Bertrand Brasil, 1998.

ALVES FILHO, Ivan; GIOVANNI, Roberto Di. *Cozinha brasileira*. Rio de Janeiro: Revan, 2000.

AMATO, Gilberto Wageck; CARVALHO, José Luiz Viana de; SILVEIRA FILHO, Sisino. *Arroz parboilizado: tecnologia limpa, produto nobre*. Porto Alegre: Ricardo Lenz, 2002.

ASSIS, Machado de. "As academias de Sião". *In Histórias sem data*. Rio de Janeiro: Garnier, [s/d].

BARRETO, Lima. *Clara dos Anjos*. Rio de Janeiro: Ática, 1995.

BOURDAIN, Anthony. *Em busca do prato perfeito: um cozinheiro em viagem*. São Paulo: Companhia das Letras, 2003.

BUARQUE, Chico. "Construção". *In* CHEDIAK, Almir. *Chico Buarque songbook*, v. 4, Rio de Janeiro: Lumiar Editora, 6.ed., [s/d], p. 72.

CÂMARA CASCUDO, Luís da. *História da alimentação no Brasil*. 2v. São Paulo: Editora Universidade de São Paulo, 1983.

CARNEIRO, Henrique. *Comida e sociedade: uma história da alimentação*. Rio de Janeiro: Campus, 2003.

CARRIÈRE, Jean-Claude. *Índia: um olhar amoroso*. Rio de Janeiro: Ediouro, 2002.

CRUZ, Marques da. *À mesa com Luiz Vaz de Camões*. Sintra: Colares Editora, [s/d].

DUCASSE, Alain. *Ducasse de A a Z*. Rio de Janeiro: Ediouro, 2005.

FARB, Peter; ARMELAGOS, George. *Anthropologie des coutumes alimentaires*. Paris: Denoël, 1985.

FERGUNSON, Clare; HOPLEY, Jeremy. *Le riz: du risotto au sushi*. Paris: Librairie Gründ, 1998.

FERGUNSON, Valerie. *Perfect risotto*. Londres: Lorenz Books, 1999.

FERNÁNDEZ-ARMESTO, Felipe. *Comida – Uma história*. Rio de Janeiro: Record, 2004.

FIGUEIREDO, Guilherme. *Comidas, meu santo*. Rio de Janeiro: Civilização Brasileira, 1964.

FISCHER, André. *Sozinho na cozinha*. São Paulo: Jaboticaba, 2005.

FORNARE, Cláudio. *Dicionário – Almanaque de comes e bebes*. Rio de Janeiro: Nova Fronteira, 2001.

GOMENSORO, Maria Lucia. *Pequeno dicionário de gastronomia*. Rio de Janeiro: Objetiva, 1999.

HECK, Marina; BELLUZZO, Rosa. *Cozinha dos imigrantes*. São Paulo: DBA & Melhoramentos, 1998.

HIRSCH, Sonia. *Meditando na cozinha*. Rio de Janeiro: CorreCotia, 2002.

HORTA, Nina. *Não é sopa*. São Paulo: Companhia das Letras, 1995.

HOUAISS, Antônio. *Magia da cozinha brasileira*. Rio de Janeiro: Primor, 1979.

LEAL, Maria Leonor de Macedo Soares. *A história da gastronomia*. Rio de Janeiro: Senac Nacional, 2004.

LOPES, Dias. *A canja do imperador*. São Paulo: Companhia Editora Nacional, 2004.

LOPES, Dias. "Grãos sedutores". Revista Gula, n. 86. São Paulo: Editora Camelot, 1999.

MACHADO, Alcântara. "As cinco panelas de ouro". *Contos avulsos*. Rio de Janeiro: José Olympio, 1961.

MACHADO, J. A. Pinheiro. *Copos de cristal*. Porto Alegre: L&PM, 1994.

MIRANDA, Rita. *Livro essencial da cozinha asiática*. [s.l.] Könemann, 2001.

MODESTO, Maria de Lourdes. *Cozinha tradicional portuguesa*. Lisboa/São Paulo: Verbo, 1986.

MORO, Fernanda de Camargo. *Veneza: o encontro do Oriente com o Ocidente*. Rio de Janeiro: Record, 2004.

NAVA, Pedro. *Chão de ferro*. Rio de Janeiro: José Olympio, 1976.

NOVAKOSKI, Deise; FREIRE, Renato. *Enogastronomia: a arte de harmonizar cardápios e vinhos*. Rio de Janeiro: Senac Nacional, 2005.

QUEIROZ, Eça de. *A cidade e as serras*. Rio de Janeiro: Editora Globo, 1987.

_____. *A relíquia*. Porto: Lello & Irmão, [s/d].

Revista Slow Food, n. 6/96. Bra: Slow Food Editore, 1999.

SOUZA, Sérgio de; CEGLIA NETO, Paschoal. *O prato nosso de cada dia: arte culinária brasileira*. São Paulo: Yucas, 1993.

THORNE, John; THORNE, Matt Lewis. "Perfect Rice" *In Best food writing*. Nova York: Marlowe & Company, 2001.

VERISSIMO, Luis Fernando. *A mesa voadora*. Rio de Janeiro: Objetiva, 2001.

WOLKE, Robert L. *O que Einstein disse ao seu cozinheiro 2: mais ciência na cozinha*. Rio de Janeiro: Jorge Zahar Editor, 2005.

_____. *O que Einstein disse ao seu cozinheiro: a ciência na cozinha.* Rio de Janeiro: Jorge Zahar, 2003.

ZARVOS, Nick; DITADI, Carlos Augusto da Silva. *Multissabores – A formação da gastronomia brasileira.* Rio de Janeiro: Senac Nacional, 2000.

CONSULTORIA

José Luiz Viana de Carvalho, pesquisador da Embrapa Agroindústria de Alimentos <jlvc@ctaa.embrapa.br>

Para facilitar a compreensão de termos técnicos, este livro traz um glossário (p. 168). Os termos estão indicados com o sinal (*) nas receitas.

O rendimento das receitas é sempre para quatro pessoas, com algumas exceções cujos rendimentos são indicados nas respectivas receitas.

Entradas

Salada de Arroz Branco com Siri Catado

BISTRÔ D'ACAMPORA | Florianópolis

PREPARO:

1. Em uma panela, aquecer 2 colheres de azeite e refogar a cebola e o alho. Deixar cozinhar em fogo brando até ficarem macios e translúcidos.
2. Juntar o vinho e deixar evaporar quase todo.
3. Acrescentar a cenoura, o gengibre, o tomate e o pimentão. Cozinhar por mais alguns minutos para que os legumes fiquem al dente. Retirar do fogo, deixar esfriar e reservar.
4. Colocar o siri em uma tigela de aço inoxidável. Temperar com sal, pimenta e 4 colheres de sopa de azeite. Deixar repousar por 5 minutos para apurar o sabor.
5. Acrescentar o arroz e os legumes refogados, já frios, ao siri. Misturar cuidadosamente com o auxílio de uma colher.
6. Adicionar o coentro, a salsa e a cebolinha. Verificar o sal e regar a mistura com o azeite português.
7. Levar à geladeira por 30 minutos. Transferir para uma saladeira e servir acompanhado de folhas verdes.

60ml de azeite (6 colheres de sopa)

50g de cebola média picada (1 unidade média)

10g de alho picado (2 dentes)

120ml de vinho branco seco (1/2 xícara e 2 colheres de sopa)

300g de cenoura cortada em cubos pequenos (2 unidades grandes)

10g de gengibre picado (1 colher de sopa)

200g de tomate picado sem pele e sem semente (2 unidades grandes)

40g de pimentão vermelho picado, sem pele (1 unidade pequena)

500g de siri catado pré-cozido (5 xícaras)

sal e pimenta-do-reino a gosto

150g de arroz branco, cozido al dente (1/2 xícara de arroz cru)

10g de coentro picado (1 colher de sopa)

250ml de azeite, de preferência português, para regar (1 1/4 xícara)

10g de salsa picada (1 colher de sopa)
20g de cebolinha verde picada (2 colheres de sopa)
folhas verdes para acompanhar

Utensílios necessários:
tigela de aço inoxidável, saladeira

VINHO: Prato marcante por sua intensidade aromática, em virtude do coentro e do gengibre, que pede um vinho igualmente aromático e marcante como o Sauvignon Blanc do Alto Adige.

Canja Rica com Macarrão de Arroz e Legumes

EMPORIUM PAX | Rio de Janeiro

Preparo do caldo de frango:

1. Colocar o frango e as asas em uma panela grande e cobrir com água. Deixar levantar fervura, reduzir o fogo e cozinhar em fogo médio por 10 minutos, retirando, com uma concha, a gordura e a espuma que aparecerem na superfície.
2. Adicionar a cenoura, a cebola, o alho-poró, o aipo, o amarrado de ervas e o sal. Cozinhar em fogo médio por 35 minutos.
3. Retirar o frango e deixar esfriar. Retirar as asas e descartar.
4. Aumentar o fogo e deixar o caldo ferver durante 30 minutos. Coar com um chinois e reservar o caldo e o frango separadamente.

Preparo do macarrão de arroz:

Cozinhar o macarrão de arroz em água fervente por 10 minutos, escorrer e reservar.

Preparo da canja:

1. Derreter a manteiga em uma panela grande, adicionar o alho-poró, a cenoura,

Para o caldo de frango:
1,8kg de frango inteiro
500g de asa de frango cortada em 4
3 litros de água
100g de cenoura cortada em cubos (1 unidade grande)
100g de cebola cortada em 4 (1 unidade grande)
40g de alho-poró cortado em rodelas (1 talo)
40g de aipo cortado em fatias (1 talo)
1 amarrado de ervas (1/2 maço de tomilho, 1/2 de salsa, 2 folhas de louro, folhas de 1/2 talo de aipo)
sal a gosto

Para o macarrão de arroz:
300g de macarrão de arroz*

Para a canja:
60g de manteiga sem sal (2 1/2 colheres de sopa)
60g de alho-poró (1 1/2 talo)
90g de cenoura cortada em cubos pequenos (1 unidade grande)

60g de nabo cortado em
cubos pequenos
(1 unidade pequena)
60g de aipo cortado em cubos
pequenos (1 1/2 talo)
sal a gosto
250g de batata cortada em
cubos pequenos
(2 1/2 unidades médias)
2 litros de caldo de frango

Para a montagem:
60g de ervilha fresca ou
congelada (1/2 xícara cheia)
60g de couve-flor
(aproximadamente
3 floretes)
sal a gosto

Utensílios necessários:
concha, chinois*

Rendimento: 4 a 6 porções

o nabo, o aipo e 1 pitada de sal. Deixar dourar em fogo baixo por 5 minutos, sem que os legumes escureçam.

2. Acrescentar a batata e mais 1 pitada de sal.

3. Adicionar 2 litros de caldo de frango e deixar ferver por 15 minutos, retirando, com uma concha, a gordura e a espuma que aparecerem na superfície.

MONTAGEM:

Ferver, em separado, as ervilhas e a couve-flor em água com sal por cerca de 5 minutos. Passar, em seguida, por água gelada para esfriar. Escorrer e adicionar à sopa. Cozinhar por 10 minutos em fogo médio ou até que os legumes fiquem tenros. Retirar a pele e cortar a carne do frango em cubos. Adicionar o frango à sopa juntamente com o macarrão e deixar apurar o sabor por 5 minutos. Verificar os temperos e servir.

VINHO: Prato leve e agradável, que vai bem com um vinho tinto fácil de beber e com poucos taninos. A sugestão seria um Merlot nacional de boa família.

Sopa de Arroz com Castanhas

CASA DA SUÍÇA | Rio de Janeiro

PREPARO:

1. Em uma panela, colocar a manteiga com a cebola e deixar dourar.
2. Acrescentar o arroz e a castanha, misturando bem até glacear o arroz.
3. Colocar o caldo de carne e cozinhar, mexendo de vez em quando, durante 25 a 30 minutos.
4. Antes de servir, acrescentar à sopa, ainda quente, o queijo e a ciboulette.
5. Temperar com sal e pimenta.

VINHO: O sabor particular do emmental com a castanha se acalma com um tinto leve da AOC Cotes du Ventoux.

40g de manteiga (aproximadamente 2 colheres de sopa)
40g de cebola picada (1 cebola média)
60g de arroz arbório* (1/3 de xícara)
100g de castanha-de-caju (1 xícara)
1,2 litro de caldo de carne (ver receita na p. 157)
80g de queijo emmental ralado (3/4 de xícara cheia)
20g de ciboulette* finamente cortada (2 colheres de sopa)
sal e pimenta-do-reino a gosto

Risoto de Rabanete

TERRAÇO ITÁLIA | São Paulo

100g de manteiga (4 colheres de sopa)
30g de cebola picada (1 unidade pequena)
500g de rabanete cortado à juliana (25 unidades)
300g de arroz arbório*
(2 xícaras)
1,5 litro de caldo de carne (ver receita na p. 157)
80g de parmesão ralado (8 colheres de sopa)
200ml de creme de leite fresco (1 xícara de café)
sal e pimenta-do-reino a gosto

Utensílio necessário:
colher de pau

PREPARO:

1. No fogo médio, esquentar 2 colheres de sopa de manteiga e refogar a cebola, para apenas murchar, sem mudar de cor.

2. Depois, baixar bem o fogo e juntar o rabanete. Refogar, mexendo de vez em quando com uma colher de pau, no fogo realmente baixo, durante 10 a 15 minutos. O rabanete solta um pouco de água, que deve secar. As fatias do rabanete devem ficar bem macias, mantendo a forma sem se desfazer.

3. Aumentar o fogo, juntar o arroz e refogar.

4. Colocar 2 xícaras de chá do caldo de carne e mexer com uma colher de pau até o líquido evaporar quase totalmente. Repetir a operação, colocando mais caldo, mexendo sempre, e esperando evaporar, até o arroz ficar no ponto (cerca de 20 minutos). Ele deve ficar al dente e bastante úmido, quase uma papa.

5. Apagar o fogo e incorporar a manteiga restante.

6. Em seguida, adicionar o parmesão e misturar bem.
7. Finalmente, juntar o creme de leite e mexer mais uma vez com a colher de pau. Verificar o tempero e servir.

VINHO: Com este risoto inusitado e rico de aromas, sugiro um vinho tinto leve e de pouca coloração – meu preferido seria um Merlot do Vêneto italiano ou até um Bardolino.

Bolinhos de Arroz à Italiana

GIUSEPPE | Rio de Janeiro

30g de cebola picada (1 unidade pequena)
75g de manteiga (3 colheres de sopa)
115g de arroz lavado e escorrido (3/4 de xícara)
100ml de vinho branco seco (1/2 xícara)
250ml de caldo de frango fervente (1 1/4 xícara) (ver receita na p. 158)
25g de parmesão ralado (2 1/2 colheres de sopa)
1 ovo batido
100g de mozarela cortada em cubos (1 xícara)
farinha de rosca suficiente
1/2 litro de óleo

Utensílios necessários:
batedor de ovos, concha, escorredor, colher de pau, toalha de papel

PREPARO:

1. Dourar a cebola em 1 colher de sopa de manteiga, em fogo baixo, e adicionar o arroz, mexendo sempre.

2. Juntar o vinho e continuar a mexer. Quando o vinho evaporar completamente, começar a adicionar o caldo de frango, uma concha de cada vez, sem parar de mexer.

3. Quando o risoto estiver pronto, apagar o fogo e juntar o parmesão e o restante da manteiga. Misturar e deixar esfriar.

4. Quando estiver frio, acrescentar o ovo batido e mexer bem.

5. Fazer bolinhos redondos, recheando cada um com um cubo de mozarela. Passar os bolinhos na farinha de rosca e fritar em óleo bem quente, para que dourem por igual. Colocar os bolinhos para secar sobre toalha de papel.

VINHO: Por ser uma proposta despretensiosa, porém saborosa e instigadora, um espumante de Franciacorta alegrará ainda mais essa entrada.

Risoto com Camarão de Água Doce – Pitu

LA TAVOLA | Aracaju

Preparo do risoto:

1. Em uma panela funda, aquecer o azeite e dourar a cebola.
2. Adicionar o arroz, refogar e flambar com o vinho.
3. Colocar o caldo de peixe utilizando a concha. Deixar cozinhar até reduzir, mexendo sempre.
4. Quando o risoto estiver quase pronto, adicionar o queijo, a manteiga e o sal.

Preparo do pitu:

Aquecer a manteiga em uma frigideira e adicionar o pitu, cozinhando por 1 minuto cada lado.

MONTAGEM:

Montar o risoto no centro de cada um dos 4 pratos e colocar o pitu em volta. Regar com a manteiga do cozimento do pitu.

VINHO: O parmesão, bem como a manteiga, enriquece o prato com seu sabor e proporciona boa estrutura, pedindo,

Para o risoto:
80ml de azeite de oliva
(8 colheres de sopa)
100g de cebola picada
(1 unidade grande)
100g de arroz carnaroli*
(2/3 de xícara)
100ml de vinho branco seco
(1/2 xícara)
600ml de caldo de peixe
(3 xícaras) (ver receita na p. 146)
60g de parmesão ralado
(6 colheres de sopa)
40g de manteiga sem sal gelada
(1 colher de sopa rasa)
sal a gosto

Para o pitu:
80g de manteiga clarificada
(aproximadamente 8 colheres de sopa)
(ver receita na p. 164)
300g de pitu* limpo, temperado com sal e pimenta
(10 unidades)

Utensílios necessários:
panela funda, concha, frigideira

assim, um vinho branco espanhol da região de Penedes, da varietal Xarel-lo, que apresentará corpo suficiente para segurar o prato.

Salada de Arroz, Mache e Aspargos ao Vinagrete de Balsâmico

BISTRÔ MARCEL | São Paulo

Preparo da salada de arroz:
Cozinhar o arroz no vapor.

Preparo do vinagrete:
Misturar todos os ingredientes.

MONTAGEM:
Em uma vasilha funda, despejar o arroz cozido, os aspargos e as folhinhas de mache. Regar com o vinagrete.

VINHO: Prato que contém componentes de difícil harmonização, como o balsâmico e os aspargos, mas, em razão da aromaticidade e da composição com o mache, sugiro um Traminer.

Para a salada de arroz:
200g de arroz comum
(1 1/3 xícara)

Para o vinagrete:
100ml de vinagre balsâmico
(10 colheres de sopa)
50ml de azeite (5 colheres de sopa)
1 pitada de açúcar
sal e pimenta-branca a gosto

Para a montagem:
4 aspargos verdes, cortados em 4
1 pacotinho de mache* lavado

Utensílios necessários:
panela de cozimento a vapor,
vasilha funda

Pratos Principais

Arroz com Mexilhões

AKUABA | Maceió

PREPARO:

1. Numa panela, cozinhar o alho, o coentro, o tomate, a cebola, o mexilhão, o sal, o leite de coco, o azeite, o limão e o extrato de tomate.
2. Quando os ingredientes estiverem cozidos, misturá-los ao arroz, mexendo sempre. Em seguida, acrescentar a pimenta.

MONTAGEM:

Dispor a mistura em uma travessa de barro decorada com salsa.

VINHO: Com este simpático prato rico em sabor, textura e cor, sugiro um vinho rosado, macio e sedoso; poderia ser latino-americano da variedade Malbec, ou francês da Côtes du Rhône.

5g de alho amassado (1 dente)
20g de coentro picado
   (2 colheres de sopa)
50g de tomate picado (1 unidade média)
50g de cebola picada (1 unidade média)
150g de mexilhão sem concha
sal a gosto
200ml de leite de coco (1 xícara)
100ml de azeite (1/2 xícara)
1/2 limão
50ml de extrato de tomate
   (2 colheres de sopa)
200g de arroz cozido (100g de arroz cru) – (2/3 de xícara)
1 pimenta vermelha sem sementes cortadas em tirinhas
salsa para decorar

Utensílio necessário:
travessa de barro

Risoto de Camarão

AMADEUS | São Paulo

300g de camarão graúdo
(4 unidades)
90ml de azeite (9 colheres
de sopa)
30g de cebola picada (1 unidade
pequena)
10g de alho picado (2 dentes)
350g de arroz arbório* (2 1/3
xícaras)
100ml de vinho branco seco
(1/2 xícara)
400ml de caldo de camarão
(2 xícaras) (ver receita
na p. 160)
25mg de açafrão
600g de camarão médio limpo
cortado ao meio e
temperado com sal e
pimenta-do-reino a gosto
(12 unidades)
30ml de creme de leite
(3 colheres de sopa)
40g de manteiga resfriada
cortada em cubos
(aproximadamente
2 colheres de sopa)

PREPARO:

1. Limpar os camarões graúdos, deixando a cauda. Descartar as cascas e as cabeças.

2. Em uma panela, colocar 4 colheres de sopa de azeite e metade da cebola e do alho. Adicionar o arroz e refogar.

3. Acrescentar o vinho. Mexer até evaporar o máximo de álcool possível.

4. Adicionar o caldo de camarão com o açafrão e cozinhar por 8 minutos, até que os grãos comecem a ficar macios e cremosos.

5. Em uma frigideira, colocar o restante do azeite, do alho e da cebola. Dourar.

6. Juntar os camarões médios e graúdos, e cozinhar por 2 minutos, até ficarem rosados. Derramar sobre o arroz, reservando os 4 camarões graúdos.

7. Adicionar o restante do caldo de camarão e o creme de leite. Mexer até que atinja o ponto desejado.

8. Retirar do fogo e adicionar os cubos de manteiga, misturando bem, para incorporar.

MONTAGEM:
Servir o risoto em pratos individuais com o camarão graúdo por cima.

VINHO: Estrutura e aromaticidade, somadas ao sabor do camarão, pedem um vinho especial. Experimente um da Sicília, das uvas Grillo e Inzolia.

Canja da Vovó

LUDWIG | Campos do Jordão

5 litros de água
500g de peito de frango
650g de cebola (6 1/2 unidades
      grandes)
25g de alho (5 dentes)
230g de salsão (6 talos)
280g de cenoura (3 unidades
      grandes)
75g de arroz (1/2 xícara)
150g de batata picada em
      cubos pequenos
      (1 unidade grande)
sal a gosto
20ml de azeite de oliva
      (2 colheres de sopa)
10g de alho para o refogado
      (2 dentes)
50g de requeijão cremoso
      (2 colheres de sopa)
      (opcional)
salsinha, para decorar

Utensílios necessários:
coador, liquidificador

PREPARO:

1. Cozinhar na água, em fogo baixo, o peito de frango, a cebola, o alho, o salsão e a cenoura, por aproximadamente 2 horas.

2. Em seguida, coar o caldo. Reservar 250ml desse caldo e metade da cenoura nele cozida para a finalização da sopa. Desfiar o frango. Descartar, do caldo, a cebola, o salsão e metade da cenoura.

3. Voltar o caldo para a panela, acrescentar o arroz, a batata e o sal. Cozinhar por uns 5 minutos. Em seguida, adicionar ao caldo metade da cenoura reservada batida no liquidificador com o caldo reservado, e o restante da cenoura picada em pedaços pequenos.

4. Por último, fazer à parte um refogado com azeite e alho e juntá-los aos demais ingredientes.

5. Como opção, acrescentar 2 colheres de sopa de requeijão cremoso. Polvilhar salsinha antes de servir.

VINHO: Por se tratar de um prato leve e revigorante, um vinho tinto de pouco corpo e pouca coloração seria interessante, como um Pinot Noir do Novo Mundo.

Risoto al Pepe Verde

RISTORANTE BOLOGNA | Curitiba

2kg de alcachofra (6 unidades médias)
1 limão
5g de alho picado (1 dente)
50g de cebola picada (1 unidade média)
80g de salsinha picada (1 maço)
100g de manteiga (4 colheres de sopa)
30ml de azeite extravirgem (3 colheres de sopa)
320g de arroz arbório* (2 xícaras)
3 litros de caldo de carne (ver receita na p. 157)
400g de camarão médio limpo (8 unidades)
20g de pimenta-verde em grãos (1 colher de sopa)
sal a gosto
30g de queijo gruyère ralado (3 colheres de sopa)

Utensílios necessários:
ralador, escorredor, panela funda, frigideira

PREPARO:

1. Limpar as alcachofras, eliminando a pelugem interna central e as folhas externas duras; cortar em gomos finos e deixá-los de molho em água com suco de 1/2 limão.

2. Refogar o alho, a cebola e a salsinha numa frigideira com metade da manteiga, o azeite e metade da quantidade das alcachofras bem escorridas. Mexer sem parar, deixando no fogo por 5 minutos.

3. Numa panela mais funda, juntar o restante das alcachofras, também cortadas em gomos finos, e os ingredientes refogados e já semicozidos.

4. Após alguns minutos, acrescentar o arroz e, quando ele estiver com brilho, adicionar uma concha do caldo de carne de cada vez, só colocando outra quando o caldo estiver bem absorvido. Continuar o cozimento, mexendo várias vezes.

5. Levar os camarões, em uma frigideira, a fogo alto com 1 colher de sopa de manteiga.
6. Adicionar o restante do caldo do limão e cozinhar por 3 a 4 minutos. Retirar do fogo, mantendo o calor.
7. Amassar metade da pimenta em pedaços graúdos, juntar aos grãos inteiros e misturar ao arroz.
8. Acrescentar o sal e verificar o cozimento do arroz.
9. Adicionar o restante da manteiga, o queijo e os camarões com o caldo.
10. Retirar o risoto do fogo, cobrir e deixar repousar por 1 minuto antes de servir.

VINHO: Para acompanhar este risoto de personalidade e levemente picante, precisaríamos de um vinho tinto robusto e aromático, em especial um Carmenere chileno levemente envelhecido.

Arroz Marroquino
(Arroz com Frango e Amêndoas)

ARÁBIA | São Paulo

1kg de coxa e sobrecoxa de frango, com pele, lavado
100ml de vinagre ou suco de limão (1/2 xícara)
sal a gosto
1g de pimenta-do-reino em pó (1/4 de colher de café)
30g de alho socado com um pouco de sal (6 dentes)
60ml de óleo (6 colheres de sopa)
100g de amêndoa inteira com casca (1 xícara)
15g de manteiga (3/4 de colher de sopa)
200g de cebola cortada em tiras grossas (2 unidades grandes)
2,5 litros de água
100g de cebola ralada (1 unidade grande)
570g de arroz lavado e escorrido (aproximadamente 3 3/4 xícaras)
3g de canela em pó (3/4 de colher de café)

Utensílios necessários:
frigideira, peneira, vasilha plástica

Rendimento: 6 porções

PREPARO:

1. Temperar os pedaços de frango com vinagre, sal, pimenta, metade do alho e 2 colheres de sopa de óleo. Deixar marinar por 1 hora na geladeira.

2. Cobrir as amêndoas com água quente. Tirar a casca e partir ao meio. Em uma frigideira, dourar as amêndoas na manteiga. Reservar.

3. Em uma panela, colocar 2 colheres de sopa de óleo e dourar a cebola cortada em tiras.

4. Juntar o frango até ficar bem escuro. Adicionar a água e deixar cozinhar em fogo brando, até o frango amaciar. Retirar do fogo e passar o conteúdo da panela por uma peneira, separando o frango de seu caldo, que será despejado numa vasilha plástica. Desossar o frango, descartar a pele e os ossos e juntar novamente ao caldo. Deixar esfriar e levar à geladeira por aproximadamente 3 horas, para que a gordura se separe do restante do caldo. Depois,

retirar a camada de gordura depositada na superfície e descartar.

5. Em outra panela, dourar a cebola ralada e o restante do alho em 2 colheres de sopa de óleo.

6. Juntar o arroz e refogar.

7. Acrescentar o frango e o caldo, temperar com canela e sal. Mexer bem. Cozinhar em fogo brando. Desligar o fogo antes que o caldo seque completamente, já que o arroz continua ainda a absorver água por algum tempo fora do fogo.

8. Salpicar o arroz com as amêndoas torradas. Servir quente.

SUGESTÃO DE
ACOMPANHAMENTO:
Coalhada fresca.

VINHO: Generoso de corpo e de acidez moderada, um Pinot Gris da Alsácia certamente vai equilibrar bem este prato, de tendência doce e boa estrutura.

Risoto com Camarões Pequenos e Romã

BORSALINO | Rio de Janeiro

40g de alho-poró cortado
em rodelas finas
(1 talo)
60ml de azeite extravirgem
italiano (6 colheres
de sopa)
320g de arroz arbório*
(2 xícaras bem cheias)
100ml de vinho branco seco
(1/2 xícara)
caldo de legumes suficiente
(ver receita na p. 161)
5g de caril* (1 colher de café)
300g de camarão pequeno limpo
(15 unidades)
1/2 romã (separar as sementes
e reservar)
sal e pimenta-do-reino a gosto
1/4 de limão-siciliano
50g de manteiga sem sal
(2 colheres de sopa)
50g de parmesão ralado
(5 colheres de sopa)

Montagem:
1 ramo de tomilho, para decorar

Utensílio necessário:
prato raso

PREPARO:

1. Dourar o alho-poró em 4 colheres de sopa de azeite. Acrescentar o arroz e misturar em fogo alto, mexendo sempre, até o arroz tostar (sem queimar).
2. Adicionar o vinho e misturar em fogo médio até evaporar.
3. Colocar o caldo de legumes em quantidade suficiente para cobrir o arroz e acrescentar o caril, sempre mexendo.
4. Aproximadamente 5 minutos antes de o risoto ficar pronto, adicionar os camarões e a romã.
5. Tirar a panela do fogo, temperar o risoto com sal, pimenta e o suco do limão. Adicionar a manteiga, o restante do azeite e o parmesão. Misturar até ficar cremoso.

MONTAGEM:

Dispor o risoto no centro de um prato raso, salpicar ao redor algumas sementes da romã e colocar 1 ramo de tomilho espetado no topo.

VINHO: Por sua composição, que nos estimula o paladar e o olfato, este prato pede um vinho piemontês da varietal Arneis, com seu aspecto vivo, seco e corpo mediano.

Arroz Vermelho
(ou Arroz da Terra)

CHEZ GEORGES | Recife

Para o molho:
50ml de óleo (5 colheres de sopa)
500g de carcaça de pato em pedaços
30g de alho picado grosseiramente (6 dentes)
50g de cebola picada grosseiramente (1 unidade média)
100g de cenoura picada grosseiramente (1 unidade grande)
50g de cebolinha picada (3/4 de maço)
15g de pimenta-do-reino em grão (1 1/2 colher de sopa)
2g de louro (2 folhas)
250g de extrato de tomate
1 litro de vinho tinto seco
500ml de água

Para o arroz:
30g de cebola picada (1 unidade pequena)
30g de alho picado (6 dentes)
50g de margarina (2 colheres de sopa)
120g de arroz vermelho* (3/4 de xícara)
500ml de água (2 1/2 xícaras)

Preparo do molho:

1. Em uma panela, aquecer o óleo e refogar os pedaços da carcaça de pato até ficarem dourados. Acrescentar o alho, a cebola, a cenoura, a cebolinha, a pimenta e o louro e refogar mais um pouco.

2. Adicionar o extrato de tomate e mexer sem parar até reduzir todo o líquido e começar a formar uma crosta no fundo da panela. Incorporar o vinho e a água, cozinhando em fogo baixo, até reduzir o molho pela metade.

3. Em seguida, passar tudo em uma peneira e voltar o molho para a panela, deixando reduzir ainda mais até formar um molho grosso.

Preparo do arroz:

1. Em uma panela, refogar a cebola e o alho na margarina.

2. Adicionar o arroz vermelho, refogar e acrescentar a água. Cozinhar durante 15 minutos. Temperar com sal e pimenta.

3. Acrescentar o salsão e cozinhar por mais 5 minutos.

Preparo do pato:
Temperar o peito de pato com sal e pimenta e grelhar em uma frigideira com o óleo.

MONTAGEM:

Em uma panela, esquentar a passa de caju em 1/2 xícara de molho de pato. Moldar o arroz vermelho no centro de cada um dos 4 pratos. Como decoração, dispor um pedaço de passa de caju e 1 ramo de alecrim sobre o arroz. Fatiar o peito de pato e o restante da passa de caju. Montar as fatias, intercalando o pato e a passa de caju em três leques, e posicioná-las nas laterais dos pratos. Ao fim, espalhar um pouco do molho entre os leques, também nas laterais.

VINHO: Prato de cores e sabores marcantes para o qual um tinto da Côte du Roussillon, no sudoeste francês, será um grande cúmplice.

sal e pimenta-do-reino a gosto
50g de salsão picado
    (aproximadamente 1 talo)

Para o pato:
550g de peito de pato (1 peito
    inteiro)
sal e pimenta-do-reino a gosto
20ml de óleo (2 colheres
    de sopa)

Para a montagem:
250g de passa de caju*
100ml de molho de pato
    (1/2 xícara)
4 ramos de alecrim, para
    decorar

Utensílios necessários:
peneira, frigideira, moldes, pratos rasos

Risoto ao Prosecco

CANTINA ITALIANA | Macapá

200g de cebola cortada em
    anéis (2 unidades grandes)
farinha de trigo suficiente
100ml de azeite (1/2 xícara)
sal e pimenta-branca a gosto
30g de manteiga
    (aproximadamente 1 colher
    de sopa)
50g de cebola picada (1 unidade
    média)
350g de arroz carnaroli*
    (2 1/3 xícaras)
400ml de Prosecco* (2 xícaras)
150ml de caldo de legumes
    (3/4 de xícara)
    (ver receita p. 161)
100ml de creme de leite
    (1/2 xícara) (opcional)
1 ramo pequeno de alecrim
  (opcional)

Utensílios necessários:
escumadeira, toalha de papel

PREPARO:

1. Passar os anéis de cebola na farinha de trigo, dourar no azeite e temperar com sal e pimenta. Utilizando uma escumadeira, retirar os anéis de cebola do azeite e reservar em toalha de papel, mantendo-os quentes.

2. Em uma panela, derreter a manteiga, adicionar a cebola picada e refogar em fogo alto até dourar.

3. Acrescentar o arroz e mexer bem.

4. Quando o arroz estiver levemente tostado, adicionar o Prosecco. Esperar até que ele evapore quase totalmente. Temperar com sal e pimenta.

5. Mexer continuamente, acrescentando o caldo de legumes aos poucos, até o risoto ficar al dente.

MONTAGEM:

Colocar o risoto no centro do prato e circundá-lo com os anéis de cebola dourados no azeite.

Obs.: Minutos antes de finalizar o cozimento do risoto, pode-se adicionar o creme de leite e o ramo de alecrim, para ressaltar o sabor do vinho. O alecrim deve ser retirado antes de o risoto ser servido.

VINHO: Prato interessante, com boa característica aromática e paladar rico. Opte pelo Prosecco di Valdobiadene Safrado.

Risoto al Rocca della Macie

EMPÓRIO RAVIOLI | São Paulo

50ml de azeite (5 colheres de sopa)

25g de cebola picada (1/2 unidade média)

200g de lingüiça toscana, sem pele, picada (retire o excesso de gordura)

400g de arroz arbório* (2 2/3 xícaras)

100ml de vinho (Rocca della Macie) (1/2 xícara)

2 litros de caldo de frango (ver receita na p. 158)

150g de brócolis cozido al dente e picado (1 xícara)

100g de queijo parmesão ralado (10 colheres de sopa)

50g de manteiga sem sal (2 colheres de sopa)

sal e pimenta-do-reino a gosto (opcional)

PREPARO:

1. Em uma panela untada com azeite, refogar a cebola e a lingüiça por 5 minutos.

2. Colocar o arroz e o vinho. Deixar evaporar um pouco, mexendo sempre. Adicionar o caldo de frango até que o arroz atinja o ponto desejado.

3. Acrescentar o brócolis e finalizar com o parmesão e a manteiga. Corrigir o tempero, se necessário.

VINHO: Para este prato rústico e saboroso, sugiro um vinho produzido à base de uva Sangiovese. Se desejar acompanhar o mesmo vinho usado na receita, é só buscar uma safra mais antiga que aquela utilizada.

Risoto de Pirarucu

DOM GIUSEPPE | Belém

PREPARO:

1. Refogar a cebola e o alho no óleo e acrescentar o arroz, refogando com cuidado para não queimar.
2. Adicionar o vinho e 1/3 da água quente. Temperar com sal e acrescentar a raspa de limão. Cozinhar em fogo baixo por 15 minutos, colocando a água quente aos poucos e mexendo sempre.
3. Acrescentar o pirarucu e cozinhar por mais 15 minutos, utilizando sempre a água quente, controlando o arroz para que não seque.
4. Retirar do fogo, quando em consistência de risoto, e acrescentar a pimenta – com cuidado, pois ela é muito forte.
5. Adicionar o azeite e a castanha triturada, misturando firmemente, mas sem desmanchar os pedaços do peixe.
6. Servir o risoto decorado com o tomate e a salsa.

80g de cebola picada finamente
(1 unidade média)
20g de alho picado finamente
(4 dentes)
20ml de óleo de girassol
(2 colheres de sopa)
360g de arroz arbório*
(aproximadamente
2 1/3 xícaras)
150ml de vinho branco seco
(3/4 de xícara)
900ml de água quente
(4 1/2 xícaras)
sal a gosto
raspa da casca de 2 limões
pequenos
360g de filé de pirarucu cortado
em cubos e temperado
com sal a gosto
pimenta-de-cheiro a gosto
40ml de azeite extravirgem
(4 colheres de sopa)
200g de castanha-do-pará
fresca, triturada
(2 xícaras)

Para decorar:
200g de tomate cortado em
cubos pequenos
(2 unidades grandes)

40g de salsa picada (4 colheres de sopa)

Utensílio necessário: triturador ou processador de alimentos

VINHO: Pela característica do pirarucu e da castanha-do-pará, este interessante prato será bem acompanhado por um Pouilly-Fumé, vinho da região do vale do Loire, que possui acidez nítida e firme para contrabalançar com nobreza este prato.

Risoto com Ragu de Robalo e Piselle

CIELO RISTORANTE | Brasília

Preparo do caldo vegetal:
1. Em uma panela grande, fazer o caldo vegetal colocando a cenoura, a cebola, o salsão, o alho, as ervas, o zaferano, o vinho, o tomate e a água para ferver durante 30 minutos.
2. Em seguida, passar no chinois e reservar o caldo, mantendo-o quente.
3. Reservar também os legumes do cozimento.

Preparo do risoto:
1. Separar metade do caldo vegetal e bater a outra metade no liquidificador com os legumes do cozimento. Peneirar e reservar.
2. Refogar o piselle com metade da cebola e metade do azeite. Acrescentar o robalo, refogar rapidamente e adicionar o caldo batido no liquidificador. Deixar cozinhar até reduzir à metade. Temperar com sal e pimenta.
3. Em outra panela, refogar o restante da cebola e do azeite. Acrescentar o arroz e refogar.

Para o caldo vegetal:
500g de cenoura (1 unidade grande)
50g de cebola picada (1 unidade média)
20g de salsão (1/2 talo)
10g de alho com casca bem picado (2 dentes)
10g de tomilho (1 colher de sopa)
10g de manjerona (1 colher de sopa)
10g de salsinha (1 colher de sopa)
1 pitada de zaferano*
50ml de vinho branco seco (1/4 de xícara)
250g de tomate, sem pele, cortado em cubos (2 1/2 unidades grandes)
1,5 litro de água

Para o risoto:
250g de piselle* fresco (2 1/2 xícaras)
100g de cebola branca bem picada (1 unidade grande)
50ml de azeite (5 colheres de sopa)
500g de robalo cortado em tiras
sal e pimenta-do-reino a gosto

200g de arroz carnaroli*
(1 2/3 xícara)
25g de manteiga (1 colher
de sopa)
100g de queijo parmegiano
ralado (1/2 xícara)

Utensílios necessários:
chinois*, liquidificador, peneira,

Rendimento: 10 porções

4. Adicionar a metade reservada do caldo e deixar levantar fervura. Abaixar o fogo e cozinhar até o arroz estar no ponto.

5. Juntar a mistura do piselle ao arroz. Experimentar e corrigir os temperos, se necessário.

6. Retirar a panela do fogo e acrescentar a manteiga e o queijo. Misturar suavemente para que a manteiga derreta. Servir imediatamente.

VINHO: O parmigiano e o piselle acentuam o sabor e o aroma desse prato elegante, que pede um branco frutado e perfumado, agraciado mas não privado de certa estrutura, como os da varietal Pinot Grigio do Friuli.

Arroz de Rabada com Cubos de Polenta

ESCH CAFE CENTRO | Rio de Janeiro

Preparo do arroz e da rabada:

1. Refoguar o arroz com óleo e metade do alho. Acrescentar a água e deixar cozinhar. Reservar.
2. Em uma panela de pressão, refoguar a cebola e o restante do alho, acrescentar o aipo e a rabada e cozinhar por aproximadamente 30 minutos ou até a rabada ficar macia.
3. Passar a rabada cozida juntamente com o molho pelo chinois, reservando tanto o molho quanto a rabada, separadamente.
4. Limpar a rabada, retirando os ossos e o excesso de gordura. Desfiar a carne.
5. Cozinhar a cenoura no vapor.
6. Em uma panela, colocar o molho feito com a rabada, a rabada desfiada, a cenoura e o agrião. Deixar aquecer em fogo brando, acrescentando o arroz cozido por último. Temperar com sal.

Preparo da polenta:

1. Dissolver o tablete de caldo de carne na água fervente.

Para o arroz e a rabada:
200g de arroz (1 1/3 xícara)
20ml de óleo (2 colheres de sopa)
15g de alho (3 dentes)
500ml de água
200g de cebola (2 unidades grandes)
150g de aipo (aproximadamente 3 talos)
1,7kg de rabada (rabo de boi)
250g de cenoura lavada, descascada e cortada em cubinhos de aproximadamente 1,5cm (tipo macedônia*) (2 1/2 unidades grandes)
2 molhos de agrião lavado, selecionado e cortado em tiras
sal a gosto
1 ramo de salsa crespa, para decorar

Para a polenta:
8g de caldo de carne (1 tablete)
400ml de água fervente (2 xícaras)
12g de cebola picada finamente (1 colher de sopa)
4g de alho-poró fatiado e picado finamente (1 colher de sobremesa)

20ml de azeite (2 colheres de sopa)
4g de aipo picado finamente (1 colher de sobremesa)
200g de farinha de milho (1 3/4 xícara)
sal a gosto, se necessário

Utensílios necessários:
panela de pressão, chinois*, panela de cozimento a vapor, assadeira, frigideira antiaderente

2. Em outra panela, dourar a cebola e o alho-poró no azeite.
3. Acrescentar o aipo e depois o caldo de carne.
4. Juntar a farinha de milho, mexendo continuamente. Corrigir o tempero, se necessário.
5. Colocar a polenta em uma assadeira e nivelá-la bem. Deixar esfriar, cortar em retângulos e grelhar.

MONTAGEM:

Dispor o arroz de rabada no centro do prato e colocar a polenta por cima. Decorar com o ramo de salsa.

VINHO: Por ser um prato robusto e suculento, um vinho do sul da Itália, como o Primitivo di Manduria, terá um ótimo efeito, despertando todos os sentidos.

Risoto de Legumes com Shiitake

ESCH CAFE LEBLON | Rio de Janeiro

PREPARO:

1. Cozinhar o arroz em água quente suficiente para cobri-lo. Reservar.
2. Cozinhar os legumes no vapor.
3. Aquecer o azeite com o gengibre, sem deixar queimar.
4. Adicionar os legumes, refogando rapidamente.
5. Acrescentar o arroz já cozido, o sal e o creme de leite. Deixar apurar por 3 minutos.

MONTAGEM:

Colocar a salsa de molho em água com vinagre por 20 minutos. Depois, lavar com bastante água e escorrer. Lavar o shiitake e passar em água fervente. Colocar o risoto no prato, enfeitando-o com a salsa e o shiitake à juliana.

VINHO: Delicadeza e sutileza são os sinônimos deste prato, que florescerá com a elegância do Cabernet Franc do Vêneto.

520g de arroz arbório*
(3 1/2 xícaras)
1 litro de água
180g de abobrinha lavada, descascada e cortada em cubinhos de aproximadamente 1,5cm (tipo macedônia*)
(3/4 de unidade grande)
180g de batata-baroa lavada, descascada e cortada em cubinhos de aproximadamente 1,5cm (tipo macedônia*)
(1 3/4 de unidade grande)
180g de cenoura lavada, descascada e cortada em cubinhos de aproximadamente 1,5cm (tipo macedônia*)
(1 3/4 de unidade grande)
180g de chuchu lavado, descascado e cortado em cubinhos de aproximadamente 1,5cm (tipo macedônia*)
(3/4 de unidade grande)
10ml de azeite (1 colher de sopa)
10g de gengibre lavado,

descascado e ralado
(1 colher de sopa)
sal a gosto
360g de creme de leite fresco
    (1 3/4 xícara)

Para decorar:
1 ramo de salsa crespa
1 colher de sopa de vinagre
100g de shiitake

Utensílios necessários:
escorredor, panela de cozimento
a vapor

Arroz-de-Carreteiro Emperiquitado

FOGO CAIPIRA | Campo Grande

PREPARO:

1. Em uma panela, refogar a carne-de-sol no óleo e no alho e ir pingando água até que fique dourada. Acrescentar o suco de laranja e deixar reduzir.

2. Adicionar o arroz e fritar juntamente com a carne-de-sol. Depois de fritos, juntar água fervente, o necessário para cozinhar o arroz em fogo brando.

3. Quando o arroz estiver cozido, o carreteiro estará pronto. Reservar a mistura.

4. Fritar a lingüiça em sua própria gordura. Reservar.

5. Fritar a banana em óleo quente. Reservar.

6. Juntar ao arroz-de-carreteiro: a lingüiça, a banana e a castanha. Decorar com o cheiro-verde.

VINHO: Por ser um prato bastante camponês, poderia escolher dentro do universo dos vinhos mais rústicos vários deles, mas minha sugestão é um Malbec vigoroso.

250g de carne-de-sol cortada em cubos pequenos e lavada em água abundante

30ml de óleo (3 colheres de sopa) + 1 litro para fritar a banana

10g de alho (2 dentes)

10ml de suco de laranja (1 colher de sopa)

250g de arroz lavado (1 2/3 xícara)

100g de lingüiça calabresa cortada bem fininha (1 unidade grande)

300g de banana-da-terra cortada em cubos (aproximadamente 2 bananas)

60g de castanha-de-caju levemente socada (6 colheres de sopa)

20g de cheiro-verde picado (2 colheres de sopa), para decorar

Risoto de Capivara com Morangos

LA CACERIA | Gramado

Para a capivara:
2 maços de manjerona
1 maço de sálvia
1 maço de alecrim
20g de alho picado (4 dentes)
10g de cebola picada (1 colher de sopa)
100ml de conhaque (1/2 xícara)
500g de capivara picada, temperada com sal e pimenta
40ml de azeite (1 colher de sopa)

Para o risoto:
40g de cebola ralada (1 colher de sopa)
40ml de azeite (4 colheres de sopa)
200g de morango
400g de arroz arbório* pré-cozido (200g de arroz cru)
100g de creme de leite (1/2 xícara)
40g de parmesão ralado (4 colheres de sopa)

Utensílios necessários:
liquidificador, frigideira, processador de alimentos

Preparo da capivara:

1. Bater no liquidificador todos os temperos e o conhaque por aproximadamente 5 minutos.

2. Em um recipiente, colocar a capivara e misturar com os ingredientes batidos. Deixar descansar por 2 horas.

3. Em uma frigideira, refogar a capivara no azeite até dourar. Passar no processador e reservar.

Preparo do risoto:

1. Em uma panela, refogar a cebola com o azeite e 4 morangos bem picados até desmanchar.

2. Acrescentar a capivara e misturar bem. Adicionar o arroz, o restante dos morangos (picados em 4 partes), o creme de leite e o parmesão. Misturar bem até o risoto ficar cremoso e servir em seguida.

VINHO: Carne gordurosa, com sabor exótico e atraente, porém forte. Um Sangiovese acompanhará bem essa erupção de aromas e sabores.

Risoto ao Limão com Camarões Selados

LA VICTORIA | Belo Horizonte

PREPARO:

1. Fazer uma pasta com o alho e a pimenta e metade do azeite em um pilão ou no processador. Reservar.
2. Esquentar o caldo em uma panela e manter aquecido.
3. Em outra panela maior, aquecer 1 colher de sopa de manteiga, juntar a cebola e cozinhar por 5 minutos em fogo baixo.
4. Acrescentar o arroz e cozinhar mexendo por 1 minuto.
5. Juntar o caldo quente aos poucos, mexendo constantemente, até os grãos ficarem tenros e o molho, cremoso (levará aproximadamente 25 minutos).
6. Retirar do fogo, juntar o suco, a casca de limão e o restante da manteiga.
7. Temperar com sal e pimenta e reservar.
8. Esquentar o azeite restante em uma frigideira, juntar os camarões, temperar com sal e pimenta e cozinhar no fogo alto por 2 minutos.
9. Adicionar a pasta de pimenta e alho e cozinhar por mais 1 minuto. Agregar a salsinha. Retirar do fogo.

10g de alho picado (2 dentes)
1 pimenta-dedo-de-moça picada
30ml de azeite extravirgem (3 colheres de sopa)
1,2 litro de caldo de legumes (6 xícaras) (ver receita na p. 161)
75g de manteiga sem sal (3 colheres de sopa)
30g de cebola picada (1 unidade pequena)
225g de arroz arbório* (1 1/2 xícara)
suco de 1 limão-siciliano
casca ralada de 1 limão-siciliano
sal e pimenta-do-reino moída na hora
300g de camarão grande, com a cauda, limpo
1/4 de xícara de salsinha picada
1 limão-siciliano cortado em gomos, para decorar

Utensílios necessários:
pilão ou processador de alimentos, pratos fundos

MONTAGEM:

Colocar o risoto em pratos fundos, dividir os camarões por cima do risoto e servir com gomos de limão.

VINHO: Por causa da aromaticidade e do toque levemente ácido (sugiro colocar um pouco de limão), poderíamos utilizar um vinho branco seco e aromático: um Gewürztraminer do Alto Adige italiano ou até um alsaciano.

Arroz de Caranguejo à Fafá

LÁ EM CASA | Belém

Preparo do caranguejo:

1. Em uma caçarola com azeite, refogar o alho, a cebola, o tomate, o pimentão e os temperos verdes e, quando a cebola estiver começando a dourar, acrescentar a pimenta-de-cheiro e o caranguejo já temperado.
2. Corrigir o sal e refogar tudo por aproximadamente 5 minutos.
3. Retirar a pimenta-de-cheiro.

Preparo do arroz:

1. Em uma panela com tampa, fritar o arroz no azeite com o alho, a cebola e o cúrcuma e juntar a água já quente até cobrir o arroz.
2. Quando o arroz ficar pronto, desligar o fogo e acrescentar a manteiga, o leite de coco e o caranguejo refogado. Misturar tudo, corrigir o sal e tampar a panela, deixando o arroz descansar por 15 minutos.

Para o caranguejo:
azeite a gosto
15g de alho cortado bem miudinho (3 dentes)
50g de cebola cortada bem miudinha (1 unidade média)
80g de tomate cortado bem miudinho (1 unidade média)
50g de pimentão verde bem cortado (1 unidade média)
temperos verdes a gosto bem cortados (alfavaca, chicória, cheiro-verde, cebolinha e salsa)
1 pimenta-de-cheiro levemente amassada
250g de carne de caranguejo, lavada em água corrente, com limão, sal e azeite
sal a gosto

Para o arroz:
250g de arroz-agulhinha (1 2/3 xícara)
azeite a gosto
10g de alho picado em pedaços bem miudinhos (2 dentes)
30g de cebola picada em pedaços bem miudinhos (1 unidade pequena)
cúrcuma* a gosto

Arroz | Aromas e Sabores da Boa Lembrança

água quente suficiente
150g de manteiga (6 colheres de sopa)
100ml de leite de coco (1/2 xícara)
sal a gosto

Para decorar:
azeitonas pretas cortadas em bandas
folhinhas de salsa
200g de batata palha
alface picada
2 ovos cozidos

Utensílios necessários:
caçarola, pratos de 30cm (opcional), aro de 12cm (opcional)

MONTAGEM:

No centro de um prato de 30cm, colocar um aro de 12cm para enformar o arroz. Retirar o aro e decorar com as azeitonas e a salsa. Arrumar, em volta do arroz, a batata palha e a alface. No centro do arroz colocar 1/2 ovo cozido.

VINHO: A mais voluptuosa uva branca do Ródano, a Viognier, produz grandes vinhos. Para abrandar a azeitona e as especiarias, faça uma parceria com um bom varietal dessa cepa.

Arroz de Pato
(Arroz Branco com Nacos de Coxa de Pato Confit, Paio e Fios de Couve)

LA SAGRADA FAMILIA | Rio de Janeiro

PREPARO:

1. Temperar as coxas com sal, pimenta, louro e tomilho. Deixar repousar por 30 minutos. Em uma panela média, em fogo brando, dispor cuidadosamente as coxas de forma que todas fiquem apoiadas no fundo da panela, evitando que umas fiquem por cima das outras. Deitar, em seguida, a gordura do pato de forma a cobrir todas as coxas. Acrescentar o louro, a pimenta em grão e o tomilho. Sempre em fogo muito brando, realizar o cozimento por cerca de 4 horas ou até perceber que a carne está macia, no ponto de desfiar.

2. Quando a carne estiver macia, soltar do osso, de forma a obter nacos de carne, sem desfiar. Reservar.

3. Cozinhar a cenoura levemente, deixando-a al dente. Reservar. Descartar a gordura do pato.

4. Cozinhar o arroz utilizando o sal e o

8 coxas de pato
sal e pimenta-do-reino moída na hora a gosto
louro a gosto
tomilho a gosto
1 litro de gordura de pato derretida
100g de cenoura descascada e picada em cubinhos pequenos (1 unidade grande)
600g de arroz branco de grão longo (4 xícaras)
1,6 litro de caldo de frango (8 xícaras) (ver receita na p. 158)
20ml de azeite (2 colheres de sopa)
200g de cebola (2 unidades grandes)
200g de paio picado em cubinhos (1 1/4 unidade)
200ml de vinho branco seco (1 xícara)
parmesão ralado a gosto
1 molho de couve à mineira cortada bem fininha à juliana

Utensílio necessário:
panela grande

caldo de frango necessário para que fique al dente. Reservar.

5. Numa panela grande, dourar levemente o azeite, a cebola e o paio.

6. Acrescentar o arroz, a cenoura, os nacos de pato, o vinho e o restante do caldo de frango. Temperar com pimenta e ajustar o sal. Deixar apurar, mantendo o arroz bem molhado.

7. Na hora de servir, acrescentar o queijo e a couve, misturando bem, porém suavemente.

VINHO: A untuosidade das coxas de pato confit e o sabor marcante do paio conferem ao prato robustez e pedem um vinho forte, não austero, como o Sagrantino de Montefalco, às vezes comparado ao Amarone.

Risoto ao Coquetel de Cogumelos

MARCEL | Fortaleza

Preparo do coquetel de cogumelos:

1. Em uma frigideira, derreter a manteiga no óleo. Esquentar bem e adicionar os cogumelos. Deixar que dourem e temperá-los com sal, pimenta e salsinha.
2. Acrescentar o creme de leite, deixar reduzir um pouco e reservar.

Preparo do risoto:

1. Em uma panela, aquecer o óleo e cozinhar a échalote em fogo brando. Acrescentar o arroz e continuar o cozimento até que os grãos fiquem translúcidos.
2. Regar com o vinho ou o vermute e esperar o álcool evaporar.
3. Adicionar um pouco do caldo de frango. Deixar ferver e cozinhar, mexendo sempre, e continuar acrescentando o caldo aos poucos, em conchas, por 18 minutos em fogo brando. Corrigir o sal, se necessário.
4. Adicionar os cogumelos e a manteiga. Misturar bem, tampar a panela e deixar

Para o coquetel de cogumelos:
15g de manteiga sem sal (1/2 colher de sopa)
20ml de óleo (4 colheres de sopa)
300g de cogumelos diversos lavados, secos e cortados em 4 ou laminados se forem grandes (paris, cepes, shiitake, portobello etc.)
sal e pimenta-do-reino a gosto
20g de salsinha picada (2 colheres de sopa)
150ml de creme de leite (2/3 de xícara)

Para o risoto:
20ml de óleo (2 colheres de sopa)
5g de échalote* picada (1 unidade)
500g de arroz arbório* (3 1/3 xícaras)
100ml de vinho branco ou vermute (1/2 xícara)
800ml de caldo de frango (4 xícaras) (ver receita na p. 158)
sal a gosto
15g de manteiga sem sal (1/2 colher de sopa)

Utensílios necessários:
frigideira, concha

descansar por 1 minuto fora do fogo. Servir imediatamente.

VINHO: A combinação de cogumelos diversos traz uma grande riqueza de aromas e sabores. Por isso, necessitamos de um vinho conhecido pela estrutura: o Nebbiolo é uma boa decisão.

Saint Jacques ao Risoto de Tomate Confit e Presunto Bayonne

MARCEL JARDINS | São Paulo

Preparo do tomate confit:

1. Mergulhar os tomates em água fervente por 8 segundos, retirar com uma escumadeira e colocar imediatamente em um recipiente com água e gelo para produzir um choque térmico e parar o cozimento. Descascar e tirar as sementes.

2. Em uma assadeira, despejar metade do azeite e, para cobrir o fundo, acrescentar: açúcar, sal, pimenta e tomilho. Colocar os tomates cortados em 4 sobre essa mistura e regar com o restante do azeite. Levar ao forno a 90ºC por 4 horas.

Preparo do risoto:

1. Em uma panela, cozinhar a échalote em fogo brando sem deixar dourar. Acrescentar o arroz e continuar o cozimento até que os grãos fiquem translúcidos.

2. Regar com o vinho ou o vermute, esperar o álcool evaporar e acrescentar o caldo de peixe. Deixar ferver e cozinhar,

Para o tomate confit:
800g de tomates confit*
    (10 unidades médias)
300ml de azeite extravirgem
    (1 1/2 xícara)
açúcar a gosto
sal e pimenta-branca a gosto
tomilho a gosto

Para o risoto:
5g de échalote* picada
    (1 unidade)
500g de arroz arbório*
    (3 1/3 xícaras)
100ml de vinho branco ou
    vermute (1/2 xícara)
800ml de caldo de peixe
    (4 xícaras) (ver receita
    na p. 159)
400g de tomate confit*
    (4 unidades grandes)
200g de presunto cortado em
    tirinhas (2 xícaras)
25g de manteiga sem sal
    (1 colher de sopa)

Para a montagem:
4 vieiras* sem conchas
1 colher de sopa de azeite

Utensílios necessários:
escumadeira, recipiente fundo,
assadeira, grelha ou frigideira
antiaderente

mexendo e acrescentando o caldo por 18 minutos em fogo brando.

3. Adicionar o tomate confit, o presunto e a manteiga. Tampar e deixar descansar por 1 minuto fora do fogo.

MONTAGEM:

Grelhar as vieiras no azeite até dourarem. Colocar o risoto em 4 pratos e cobrir com as vieiras grelhadas.

VINHO: Em virtude da acidez do tomate e da presença do presunto, um Bourgogne Blanc se mostrará bem com este risoto.

Risoto de Salmão ao Curry

MARGUTTA | Rio de Janeiro

PREPARO:

1. Dourar a cebola em 1 colher de sopa de manteiga. Juntar o arroz, as endívias, o radicchio e o curry. Flambar com a vodca, juntar o caldo de legumes e temperar a gosto. Deixar cozinhar durante 15 minutos. Caso necessário, adicionar mais caldo.
2. Quando o arroz estiver quase cozido, juntar o salmão e finalizar o cozimento.
3. Tirar o arroz do fogo, juntar o restante da manteiga, misturar com o parmesão e tampar a panela por 3 minutos.

MONTAGEM:

Decorar os pratos com as folhas de endívias e de radicchio. Colocar o arroz no centro do prato e servir salpicado com salsa e 1 pitada de pimenta.

VINHO: Este prato rico em aromas, texturas e cores, aliados à marca gustativa do radicchio e da endívia, além do defumado do salmão, requer um vinho também

---

100g de cebola picada
(1 unidade grande)
75g de manteiga sem sal
(3 colheres de sopa)
400g de arroz arbório*
(2 2/3 xícaras)
20 endívias belgas cortadas
em gomos
1 pé de radicchio rosso cortado
em gomos
10g de curry (2 colheres de chá)
50ml de vodca (5 colheres)
2 litros de caldo de legumes
(ver receita na p. 161)
sal e pimenta-do-reino a gosto
200g de salmão defumado
cortado em tiras
50g de parmesão ralado
(5 colheres de sopa)

Para decorar:
folhas de endívia
folhas de radicchio
1 molho de salsa picada

aromático e que acalme essa explosão. Recomendo um Gewürztraminer alsaciano.

Risoto de Lagosta Cearense

MOANA | Fortaleza

Preparo do arroz pilaf:

1. Em uma panela de ferro, colocar a cebola, a manteiga e o óleo.
2. Acrescentar o arroz e refogar até ficar dourado.
3. Adicionar o caldo de frango, tampar a panela e levar ao forno a 250°C, durante 25 minutos. Quando o arroz estiver crocante, retirar do forno.

Preparo do risoto:

1. Refogar por 30 segundos, em uma frigideira, a cebola ralada, o urucum, o cúrcuma e o vinho.
2. Acrescentar o caldo de peixe, a lagosta, o arroz, o creme de leite e o shoyu. Cozinhar em fogo alto por 3 minutos.
3. Retirar o risoto do fogo e acrescentar o queijo, mexendo energicamente com uma colher de pau. Adicionar sal e pimenta e servir enfeitado com salsinha.

DICA: Caso não possua uma panela de ferro, prepare o arroz pilaf em uma panela

Para o arroz pilaf:
50g de cebola finamente picada (1 unidade média)
50g de manteiga (2 colheres de sopa)
20ml de óleo de milho (2 colheres de sopa)
400g de arroz (2 1/2 xícaras)
700ml de caldo de frango (3 1/2 xícaras) (ver receita na p. 158)

Para o risoto:
20g de cebola ralada (2 colheres de sopa)
10g de urucum* (2 colheres de chá)
20g de cúrcuma* (4 colheres de chá)
100ml de vinho xerez (1/2 xícara)
200ml de caldo de peixe (4 xícaras) (ver receita na p. 159)
2 caudas de lagosta de 500g, limpas, cozidas e cortadas em rodelas
400g de arroz pilaf (2 1/2 xícaras)
60ml de creme de leite fresco (aproximadamente 1/4 de xícara)

10ml de shoyu (1 colher de sopa)
200g de parmesão ralado
    (20 colheres de sopa)
sal e pimenta-do-reino a gosto
1 molho de salsinha picada, para
  decorar

Utensílios necessários:
panela de ferro (ou panela
comum e uma assadeira alta),
frigideira, colher de pau

comum e transfira para uma assadeira alta para levar ao forno.

VINHO: Saboroso e exótico, este risoto pede um vinho também apetitoso, como o Condrieu, que é cem por cento Viognier.

Risoto de Embutidos

POMODORO CAFÉ | Recife

PREPARO:

1. Em uma panela de fundo grosso, refogar a cebola e os frios no azeite até a cebola ficar transparente.
2. Adicionar o arroz e refogar por 2 minutos.
3. Acrescentar o vinho, esperar evaporar em fogo médio, mexendo sempre, para evitar que o arroz grude no fundo da panela.
4. Juntar uma concha de caldo de carne ou de legumes fervente e mexer até o arroz absorvê-lo, sem ficar seco.
5. Aumentar o fogo e continuar adicionando o caldo de concha em concha, mexendo sempre, durante 12 a 13 minutos, ou até obter o ponto desejado.
6. Desligar o fogo. Para finalizar, adicionar o creme de leite, a manteiga, o queijo e a salsinha.
7. Corrigir o sal. Misturar tudo até o risoto ficar homogêneo e cremoso.
8. Tampar a panela e esperar uns 3 minutos. Servir ainda quente.

80g de cebola picada (1 unidade média)
100g de paio defumado, sem pele, cortado em rodelas (3/4 de unidade)
100g de lingüiça calabresa, sem pele, cortada em rodelas (1 unidade)
100g de lombo canadense cortado em cubos
30ml de azeite (3 colheres de sopa)
300g de arroz arbório* (2 xícaras)
300ml de vinho branco seco (2 1/2 xícaras)
1,5 litro de caldo de carne, ou de legumes, aquecido (ver receitas nas pp. 157 e 159)
100g de creme de leite (1/2 xícara)
25g de manteiga (1 colher de sopa)
50g de parmesão ralado na hora (5 colheres de sopa)
1 molho de salsinha finamente picada
sal a gosto

Utensílios necessários:
panela de fundo grosso, concha

VINHO: Um prato que reúne gordura e robustez gustativa e aromática requer um vinho também robusto, como um Zinfandel californiano.

Paella Mista
(Marinera)

PARADOR VALENCIA | Itaipava

PREPARO:

1. Em uma panela funda com bastante água (em torno de 6 litros), colocar para ferver a cabeça de cherne e as cavaquinhas, salgando a gosto. Retirar as cavaquinhas quando cozidas, reservando para enfeitar a paella. Deixar ferver até o peixe se desfazer. Coar.

2. Em uma paella, em fogo lento, fritar, com um pouco de azeite, os frutos do mar e o frango, afastando para as laterais, sem deixar cozinhar muito. Não se esquecer de ir salgando cada item a gosto.

3. Quando pronto, retirar da paella somente os camarões maiores (reservando 6 unidades) e os mexilhões, que serão usados para decorar.

4. Refogar os legumes, menos o pimentão frito ou assado, um a um, deixando a salsinha por último, sem os tomates, afastando cada item para os lados. Não se esquecer de salgar cada item. Fritar a salsa, afastando-a também para os lados.

6 litros de água
1 cabeça de peixe gorda, de preferência cherne
600g de cavaquinha (3 unidades pequenas) cortada no sentido longitudinal
sal a gosto
200ml de azeite (1 xícara)
500g de camarão médio inteiro, sem descascar (10 unidades)
1kg de lula limpa, média, sem pele (deixe os braços inteiros), cortada em 2 ou 3 pedaços (10 unidades)
500g de mexilhão grande na casca, semicozido
500g de frango ou coelho cortado em pedaços médios (tipo à passarinho)
500g de vagem de qualquer tipo cortada em pedaços
100g de cebola branca, cortada em cubos, 8 pedaços cada uma (1 unidade grande)
160g de pimentão vermelho, assado ou frito, cortado em 6 tiras cada um (2 unidades grandes)

80g de pimentão vermelho cortado em pedaços pequenos (1 unidade grande)

250g de fava (pode ser grão-de-bico) hidratada, fervida e salgada

1 molho de salsinha picada finamente (1 xícara de chá)

100g de alho cortado em fatias bem finas (2 cabeças)

120g de tomate com pele, bem picado (2 unidades médias)

20g de páprica doce (2 colheres de sopa)

50g de açafrão em pó (colorante) (1 colher de chá)

50g de pimenta calabresa (1 colher de chá)

350g de arroz parboilizado cru (2 1/3 xícaras)

Para decorar:
1 envelope de açafrão em rama, tostado e moído no próprio envelope
algumas rodelas de limão
vários ramos de alecrim ou tomilho

Utensílios necessários:
panela funda, paella* ou frigideira em torno de 36cm, escumadeira, toalha de papel

Rendimento: 6 porções

5. Finalizar essa etapa refogando o alho até ficar bem amarelinho, jogando, então, os tomates, sempre colocando um pouco mais de azeite à medida que for elaborando o prato. A seguir, misturar tudo com uma escumadeira e continuar fritando e pingando azeite.

6. Temperar com a páprica, o açafrão em pó e a pimenta.

7. Verter o caldo de peixe, que deve estar fervendo, enchendo a paella até quase a borda. Usar os arrebites das asas da paella ou frigideira como referência do nível do caldo.

8. Passar para fogo alto e deixar ferver por pelo menos 15 minutos. Experimentar até sentir o caldo bem cozido e corrigir o sal. É importante que, a essa altura, a paella esteja toda fervendo por igual. A mistura não deve ser mexida, já que o caldo trabalha por si só.

9. Colocar o arroz em cruz em toda a extensão da paella e esperar ficar pronto, de preferência um pouco durinho (al pico).

MONTAGEM:

1. Quando o arroz começar a secar, é hora de começar a decorar a paella, enfeitando com os camarões, os mexilhões, os pimentões e as cavaquinhas.

2. Pulverizar o açafrão em rama depois de tostado e espalhar algumas rodelas de limão sobre a paella.
3. Quando o arroz estiver ao ponto, desligar o fogo, cobrir a paella com alguns ramos de alecrim ou tomilho e abafar com toalha de papel.
4. Esperar em torno de 15 minutos e servir na própria paella. Pode esperar até meia hora para servir.

VINHO: Respeitando uma das normas de harmonização, e pela tradição e tipicidade dessa bela paella, indico um Rosé de Navarra como companhia.

Arroz Negro com Perfumes do Mar

ORIUNDI | Vitória

Para o molho dos frutos do mar:
1 polvo
3 litros de água
200g de camarão VG limpo e
cortado pela metade
(aproximadamente 4
unidades)
200g de lula pequena limpa
e cortada em anéis
(5 1/2 unidades)
200g de carne de lagosta
cortada em rodelas
100g de mexilhão sem casca
e limpo
sal e pimenta-do-reino a gosto
50g de cebola picada (1 unidade
média)
20g de alho picado (4 dentes)
30g de manteiga
(aproximadamente 1/2
colher de sopa cheia)
40ml de azeite extravirgem
(4 colheres de sopa)
200ml de vinho branco seco
(1 xícara)
400g de molho de tomate fresco
(ver receita na p. 162)
10g de salsa picada (1 colher
de sopa)
10g de manjericão à juliana
(1 colher de sopa)

Preparo do molho dos frutos do mar:

1. Cozinhar o polvo na água por 20 minutos. Coar e fatiar o polvo. Reservar o caldo do cozimento.
2. Temperar o camarão, a lula, a lagosta e o mexilhão com sal e pimenta.
3. Refogar a cebola e o alho na manteiga e no azeite até eles murcharem.
4. Juntar os frutos do mar e refogar em fogo alto. No fim, adicionar o polvo fatiado.
5. Adicionar o vinho e deixar evaporar.
6. Colocar o molho de tomate, a salsa e o manjericão e esperar levantar fervura. Apagar o fogo.

Preparo do caldo de frutos do mar:

1. Fritar as cascas e as cabeças de camarão e de lagosta no azeite.
2. Flambar com o conhaque.
3. Juntar o vinho e deixar evaporar.
4. Adicionar as verduras e o caldo do polvo.
5. Deixar levantar fervura, abaixar o fogo e cozinhar até o caldo reduzir para 2 litros.

6. Coar, descartar as verduras e reservar o caldo.

Preparo do risoto:
1. Refogar a cebola na manteiga misturada com o azeite.
2. Juntar o arroz negro sem lavar e refogar um pouco.
3. Adicionar o caldo de frutos do mar fervente e deixar cozinhar em panela tampada sobre fogo brando, de 30 a 45 minutos, mexendo regularmente, ou até o arroz cozinhar.
4. Escorrer e reservar o caldo do cozimento.

MONTAGEM:

Incorporar o arroz cozido ao molho de frutos do mar, misturar bem e verificar o tempero. Servir bem molhado (se precisar, juntar o caldo do cozimento do arroz). Fazer o acabamento com um fio de azeite extravirgem.

VINHO: A sensação de doçura natural dos frutos do mar combinada com a acidez do molho de tomate pede um branco de boa envergadura, como o Chardonnay australiano.

Para o caldo de frutos do mar:
casca e cabeça de camarão e de lagosta
50ml de azeite (5 colheres de sopa)
50ml de conhaque (1/4 de xícara)
100ml de vinho branco seco (1/2 xícara)
50g de aipo à brunoise* (aproximadamente 1 talo grande)
50g de cebola à brunoise* (1 unidade média)
50g de cenoura à brunoise* (1 unidade média)
talos de salsa picada
água do cozimento do polvo (3 litros)

Para o risoto:
50g de cebola picada (1 unidade média)
30g de manteiga (aproximadamente 1 colher de sopa cheia)
40ml de azeite extravirgem (4 colheres de sopa)
320g de arroz negro (riso nero venere) (2 1/6 xícaras)
2 litros de caldo de frutos do mar fervente

Utensílio necessário:
escorredor

Chirashi Selvagem

NAKOMBI | São Paulo

Para o arroz selvagem:
160g de arroz selvagem lavado
(1 xícara)
1 litro de água
15g de sal (3 colheres de café)

Para o arroz japonês:
160g de arroz japonês lavado e
escorrido (1 xícara)
200ml de água

Para o molho de arroz:
100ml de vinagre de arroz
(1/2 xícara)
40g de açúcar (4 colheres
de sopa)
10g de sal (2 colheres de café)

Para o ceviche de peixe-prego:
400g de peixe-prego cortado
em cubinhos
200g de abacaxi cortado em
cubos (3 fatias com 2cm de
espessura)
100g de cebola roxa (2 unidades)
40ml de azeite de oliva com
pimenta (4 colheres de
sopa)
300ml de suco de limão
(1 1/2 xícara)

Preparo do arroz selvagem:
Cozinhar o arroz selvagem em uma panela com água e sal, por aproximadamente 35 minutos.

Preparo do arroz japonês:
1. Deixar o arroz japonês de molho em uma panela com água por 20 minutos.
2. Levar ao fogo médio destampado até a água que o cobre secar e cozinhar em fogo mínimo por mais de 15 minutos.
3. Tirar a panela do fogo e deixar o arroz descansando por 20 minutos.

Preparo do molho de arroz:
1. Misturar, em um recipiente, o vinagre de arroz com o açúcar e o sal. Esquentar a mistura com cuidado, sem deixar ferver, e reservar aquecida.
2. Juntar o arroz selvagem ao arroz japonês. Acrescentar o molho e misturar bem.

Preparo do ceviche de peixe-prego:
Em um recipiente misturar bem todos os ingredientes e reservar.

MONTAGEM:

Misturar o arroz com o gergelim e o massago. Separar a mistura em 4 partes. Posicionar um aro com 8cm de diâmetro no centro de cada prato e preencher com o arroz colorido. Apertar suavemente até completar com o restante do arroz. Sobre ele, arrumar as fatias de polvo, o salmão, as ovas de salmão, a salsa crespa, o pepino, as fatias de takuwan e o camarão. Completar colocando o ceviche de peixe-prego sobre as endívias em volta do arroz.

VINHO: Trazendo a tipicidade de sabores do ceviche de peixe-prego, além dos aromas complexos como um todo, sugiro um espumante nacional tipo nature.

20g de curry em pó (4 colheres de café)
30g de sal (6 colheres de café)

Para a montagem:
20g de gergelim preto torrado (2 colheres de sopa)
40g de ovas de massago (4 colheres de sopa)
200g de polvo cozido e fatiado
200g de sashimi de salmão (20 fatias)
40g de ovas de salmão (4 colheres de sopa)
40g de salsa crespa (4 colheres de sopa)
100g de pepino japonês (2 unidades)
100g de takuwan (16 fatias)
200g de camarão cozido (12 unidades)
16 folhas de endívia

Utensílio necessário:
aro com 8cm de diâmetro

Arroz de Braga

RANCHO INN | Rio de Janeiro

200g de cebola ralada
(2 unidades grandes)
50g de manteiga (2 colheres
de sopa)
20ml de azeite (2 colheres
de sopa)
2 patos, limpos, sem excesso
de gordura, cortados em
pedaços e temperados com
sal e pimenta
250g de paio, sem pele, cortado
em rodelas (1 2/3 unidade)
600g de arroz parboilizado
pré-cozido (2 xícaras
de arroz cru)
100g de azeitona verde sem
caroço (1 xícara), para
decorar

Utensílios necessários:
escumadeira, travessa funda

Rendimento: 6 porções

PREPARO:

1. Refogar a cebola na manteiga e no azeite. Adicionar o pato e refogar por aproximadamente 10 minutos.

2. Acrescentar água e deixar levantar fervura. Abaixar o fogo e cozinhar em fogo médio, retirando a espuma que se forma na superfície do cozimento, até o pato ficar cozido e macio.

3. Colocar água para ferver e escaldar o paio rapidamente. Remover utilizando uma escumadeira. Reservar.

4. Retirar os pedaços de pato e colocar o arroz para cozinhar no caldo que ficou na panela. Se precisar, acrescentar água fervente para completar 1,5 litro, ou retirar um pouco, caso a quantidade seja superior.

5. Desossar o pato e retirar a carne em pedaços, com cuidado para não desfiá-la.

MONTAGEM:

Em uma travessa funda, colocar uma camada de arroz, uma de pato, outra de arroz, e cobrir com o paio e as azeitonas.

VINHO: O sabor do pato e do paio serão realçados pelo Pinotage sul-africano, que também domará as azeitonas, enriquecendo o prato.

Arroz Jasmim Colorido com Lâminas de Frango

(Kao Pad Gai)

SAWASDEE | Búzios

150ml de shoyu (1 1/2 xícara)

15g de alho picado (3 dentes)

150g de peito de frango cortado em fatias finas

20ml de óleo de girassol (2 colheres de sopa)

25g de gengibre picado (2 1/2 colheres de sopa)

50g de cebola picada (1 unidade média)

50g de cenoura picada (1 unidade média)

50g de vagem francesa, ou vagem macarrão, cortada em rodelas (1/2 xícara)

50g de pimentão vermelho picado (1 unidade média)

50g de pimentão verde picado (1 unidade média)

50g de pimentão amarelo picado (1 unidade média)

50ml de nam pla* (1/4 de xícara)

50g de açúcar mascavo (5 colheres de sopa)

400g de arroz jasmim* pré-cozido e sem tempero (1 1/3 xícara de arroz cru)

PREPARO:

1. Juntar 50ml de shoyu, o alho e as fatias de frango e deixar a mistura marinar por 30 minutos.

2. Aquecer uma wok e refogar o óleo e o gengibre por 1 minuto.

3. Adicionar o frango e refogar em fogo alto até dourar.

4. Acrescentar a cebola, a cenoura, a vagem e os pimentões. Refogar por mais 2 minutos.

5. Adicionar o restante de shoyu, o nam pla e o açúcar. Misturar e reduzir o fogo.

6. Acrescentar o arroz, mexer bem sem deixar grudar no fundo da wok, e fritar por mais 1 minuto.

MONTAGEM:

Colocar o arroz em uma travessa, regar com o suco de limão e salpicar com alho torrado e coentro picado.

VINHO: Um vinho da casta branca Grüner Veltliner da Áustria, com seus aromas de pimenta-branca, pêssego e baunilha, será um mediador nessa composição de fortes aromas e sabores.

Para a montagem:
50ml de suco de limão
(5 colheres de sopa)
15g de alho torrado (3 dentes)
10g de coentro picado (1 colher de sopa)

Utensílios necessários:
wok ou frigideira antiaderente, travessa

Risoto de Camarões e Quiabos

SPLENDIDO RISTORANTE | Belo Horizonte

2 fatias de bacon
10ml de azeite extravirgem
(1 colher de sopa)
50g de cebola picada (1 unidade média)
10g de alho picado (2 dentes)
1 folha de louro
1 ramo de tomilho
2,5g de pimenta calabresa
(1/2 colher de chá)
300g de arroz arbório*
(2 xícaras)
100ml de vinho branco seco
(1/2 xícara)
800ml de caldo de frango
(4 xícaras) (ver receita na p. 158)
160g de tomate sem pele e sem semente cortado em cubinhos (2 unidades médias)
180g de quiabo limpo cortado em fatias de 0,5cm
(1 2/3 xícara)
500g de camarão médio limpo
(20 unidades)
10g de salsinha picada (1 colher de sopa)

Rendimento: 6 porções

PREPARO:

1. Em fogo baixo, fritar o bacon no azeite até estar bem crocante. Retirar e reservar.

2. Acrescentar a cebola, o alho, o louro, o tomilho e a pimenta calabresa e continuar cozinhando em fogo baixo, por aproximadamente 5 minutos, até a cebola amolecer.

3. Acrescentar o arroz e dourar por mais 30 segundos.

4. Adicionar o vinho e deixar evaporar por mais 1 minuto.

5. Juntar o caldo de frango aos poucos, sempre mexendo e deixando que o arroz absorva o líquido antes de acrescentar mais. Na metade do cozimento (depois de cerca de 8 minutos), acrescentar o tomate e o quiabo e cozinhar até ficar tenro (por aproximadamente 4 minutos).

6. Juntar os camarões e cozinhar por mais 3 a 4 minutos. O arroz deve ficar molhado e ligado pela baba do quiabo.

7. Retirar o louro e o tomilho e acrescentar a salsinha. Misturar e servir em pra-

tos com tiras do bacon crocante e acompanhar com molho de pimenta de sua preferência, separadamente.

VINHO: Um prato rico de sabores e texturas como este requer um excelente branco de corpo e estrutura. Poderia ser um ótimo Pinot Grigio del Collio Goriziano, ou até um Chenin Blanc do Novo Mundo – nesse caso minha preferência seria África do Sul.

Risoto de Alcachofra

TAVERNA DEL NONNO | Gramado

Para o caldo:
4 alcachofras
bouquet garni
água suficiente para cobrir
    as alcachofras

Para o risoto:
30g de manteiga (1 colher
    de sopa)
50g de cebola picada (1 unidade
    média)
400g de arroz arbório*
    (2 2/3 xícaras)
20ml de vinho branco seco
    (2 colheres de sopa)
caldo do cozimento das
    alcachofras
sal e pimenta-do-reino a gosto
20g de queijo ralado (2 colheres
    de sopa)

Utensílios necessários:
panela de boca larga, prato
fundo

Preparo do caldo:

Em uma panela, colocar as alcachofras, o bouquet garni e a água. Cozinhar em fogo alto por mais ou menos 30 minutos ou até que as folhas comecem a se soltar com facilidade. Deixar esfriar e retirar as folhas do centro e os espinhos, deixando somente as folhas laterais. Reservar o caldo.

Preparo do risoto:

1. Em uma panela de boca larga, aquecer metade da manteiga e colocar a cebola, dando uma leve fritada. Acrescentar o arroz e misturar.

2. Passados 2 minutos, acrescentar o vinho e, aos poucos, o caldo reservado da alcachofra, mexendo sempre.

3. Quando estiver no ponto desejado, acertar o sal e a pimenta. Finalizar colocando o restante da manteiga e o queijo ralado.

MONTAGEM:

Em um prato fundo, fazer um leito com o

risoto. Sobre ele colocar uma alcachofra e rechear com o risoto.

VINHO: Um prato no mínimo desafiador para sugestão de vinho, mas a escolha mais adequada seria um rico em taninos, para contrabalançar a presença do amargor do caldo das alcachofras – um Shiraz do Novo Mundo ou até um Taurasi da Campânia (Itália), ambos de boa estrutura e corpo tânico presente.

Risoto de Foie Gras

UNIVERSAL DINER | Brasília

10g de alho batido (2 dentes)
10g de cebola picadinha
(1 colher de sopa)
60ml de azeite extravirgem
(6 colheres de sopa)
150g de arroz arbório*
(1 xícara)
300ml de vinho branco
(1 1/2 xícara)
140g de foie gras cortado
em cubos
330ml de creme de leite fresco
(aproximadamente
1 3/4 xícara)
130g de pêra picada (1 unidade)
60g de roquefort picado
sal e pimenta-do-reino a gosto
100g de parmesão ralado
(10 colheres de sopa)
20g de cebolinha laminada
(2 colheres de sopa)
mel a gosto

Utensílio necessário:
frigideira antiaderente

PREPARO:

1. Refogar o alho e a cebola em 5 colheres de sopa de azeite e acrescentar o arroz. Depois de alguns minutos, colocar o vinho aos poucos. Cozinhar até ficar al dente. Reserve.

2. Em outra panela, grelhar o foie gras sem gordura, reservando alguns cubos. Depois de refogar todos os lados, colocar o creme de leite, a pêra, o roquefort, o sal e a pimenta. Deixar ferver e juntar o arroz já cozido.

3. Por último, já fora do fogo, adicionar o parmesão e a cebolinha.

MONTAGEM:

Para servir, passar os cubos reservados de foie gras no mel e no restante do azeite e colocá-los sobre o risoto.

VINHO: A grande estrutura deste prato, composta de elementos de personalidade, pede um grande Chardonnay velho com sua elegância e virilidade.

Risoto Verde com Polvo Frito

WANCHAKO | Maceió

Preparo do risoto:

1. Bater no liquidificador o azeite, o espinafre, o manjericão e o coentro. Reservar.
2. Fazer um refogado com a cebola, o alho e o óleo. Quando tudo estiver levemente dourado, adicionar o arroz.
3. Acrescentar o caldo quente aos poucos, sempre mexendo, até o arroz estar cozido al dente.
4. Juntar a mistura de azeite, espinafre e ervas e misturar bem.

Preparo do polvo:

1. Colocar o polvo para cozinhar em água abundante até cobri-lo. Adicionar a cebola.
2. Quando o polvo estiver macio, retirar e temperar com sal, Ajinomoto e azeite. Colocar o polvo na frigideira. Deixar ficar crocante dos dois lados.

MONTAGEM:

Colocar o risoto em um molde. Retirar o molde e colocar o polvo inteiro ao lado do risoto. Decorar com uma folha de hortelã.

Para o risoto:
200ml de azeite (1 xícara)
55g de espinafre cozido (aproximadamente 1/2 molho de espinafre cru – 1 xícara de espinafre cru)
55g de manjericão (5 1/2 colheres de sopa)
55g de coentro (5 1/2 colheres de sopa)
80g de cebola cortada em cubinhos (1 unidade média)
20g de alho amassado (4 dentes)
70ml de óleo (7 colheres de sopa)
500g de arroz longo fino tipo 1 (3 1/3 xícaras)
850ml de caldo de camarão (4 1/2 xícaras) (ver receita na p. 160)
1 folha de hortelã, para decorar

Para o polvo:
1kg de polvo limpo, sem cabeça (1 unidade)
100g de cebola (1 unidade grande)
4g de sal (1 colher de chá rasa)
4g de Ajinomoto (1 colher de chá rasa)
20ml de azeite (2 colheres de sopa)

Utensílios necessários: liquidificador, grelha ou frigideira antiaderente, molde

DICA: Faça o caldo de camarão antes de começar a cozinhar o restante. Mantenha-o quente.

VINHO: O polvo possui características e personalidade muito próprias que, acompanhadas das ervas aromáticas aqui utilizadas, pedem um vinho também com características e personalidade próprias, como um Chenin Blanc.

Arroz Marimbondo

VECCHIO SOGNO | Belo Horizonte

PREPARO:

1. Cozinhar o feijão com a lingüiça, o paio, o louro, a cachaça e a laranja. Retirar a laranja após 20 minutos. Retirar o paio e a lingüiça quando estiverem cozidos e reservá-los.

2. Coar o feijão após a cocção e passar rapidamente em água para lavá-lo. Reservar o caldo.

3. Em uma panela, refogar, na metade do azeite, o bacon, metade do alho, a cebola, o tomate e acrescentar a lingüiça e o paio.

4. Temperar com sal e pimenta-malagueta e acrescentar a salsa e a cebolinha.

5. Em outra panela, refogar a couve com o restante do azeite e do alho e temperar com sal e pimenta a gosto.

6. Em um recipiente, montar camadas finas de feijão, arroz, couve, ovo e queijo.

7. Reduzir o caldo, apurar e corrigir o tempero.

8. Regar o arroz com 150ml deste caldo.

9. Levar ao forno na hora de servir. Ao retirar do forno, salpicar com salsa e servir.

400g de feijão-preto (2 xícaras)
300g de lingüiça (5 unidades)
300g de paio (7 1/2 talos)
3 folhas de louro
25ml de cachaça envelhecida (2 1/2 colheres de sopa)
1/4 de laranja com casca
100ml de azeite (1/2 xícara)
150g de bacon cortado em cubinhos
40g de alho picadinho (8 dentes)
100g de cebola cortada em cubinhos (1 unidade grande)
100g de tomate sem pele cortado em cubos (1 unidade grande)
sal e pimenta-malagueta a gosto
salsa e cebolinha a gosto picadas grosseiramente
3 maços de couve rasgada
400g de arroz cozido (1 1/3 xícara de arroz cru)
4 ovos cozidos picadinhos
200g de queijo-de-minas cortado em cubinhos

VINHO: Para um risoto rico e farto de ingredientes, concentrado no sabor e no gosto, seria excelente um Lambrusco Grasparossa di Castelvetro (aquele bem escuro e seco), que, além de casar perfeitamente com os ingredientes, deixará o prato mais digerível e leve ao paladar.

Risoto de Lagostim com Morangos e Champanhe

LOCANDA DELLA MIMOSA | Petrópolis

PREPARO:

1. Refogar a cebola e os morangos em metade do azeite.
2. Adicionar o arroz e o champanhe. Deixar evaporar e acrescentar o caldo de peixe aos poucos, utilizando a quantidade necessária até que o arroz fique no ponto desejado. Cozinhar lentamente, durante cerca de 20 minutos.
3. Ao término da cocção, refogar os lagostins com o restante do azeite, durante 1 minuto numa frigideira. Reservar. Cortar os lagostins no sentido do comprimento.
4. Colocar os lagostins e a manteiga na caçarola do risoto para poder terminar a cocção e amanteigar o risoto.
5. Decorar com os morangos cortados em leque e servir bem quente.

VINHO: Com este prato sensual e provocante escolheria um champagne rosado brut com indicação de safra. Poderíamos escolher um Billecart Salmon – seria ainda mais intrigante o repasto!

20g de cebola roxa bem picada (2/3 de unidade pequena)
100g de morango bem maduro picado (5 unidades grandes)
20ml de azeite extravirgem italiano (2 colheres de sopa)
200g de arroz italiano carnaroli* (1 1/2 xícara)
50ml de champanhe – se preferir, pode ser um espumante brut (5 colheres de sopa)
1 litro de caldo de peixe (5 xícaras) (ver receita na p. 159)
200g de lagostim (ou pitu*) limpo e descascado (8 unidades)
50g de manteiga sem sal (2 colheres de sopa)
2 morangos inteiros cortados em leque, para decorar

Utensílios necessários:
frigideira antiaderente, caçarola

Acompanhamentos

Torta de Arroz Selvagem e Cogumelos

ALICE | Brasília

PREPARO:

1. Levar ao fogo médio uma panela grande, derreter a manteiga e dourar delicadamente o pimentão, o alho-poró e o cogumelo por 2 minutos.
2. Aumentar o fogo, juntar o arroz selvagem e mexer bem.
3. Adicionar uma quantidade de água suficiente para cobrir o arroz e mexer para misturar bem. Deixar ferver, reduzir o fogo, tampar a panela e cozinhar por 20 minutos.
4. Preaquecer o forno a 180ºC.
5. Untar uma forma com azeite.
6. Retirar a panela do fogo e acrescentar o caldo de legumes, a mozarela e o manjericão. Temperar com sal e pimenta. Misturar bem e deixar esfriar durante 10 minutos sem tampar a panela.
7. Incorporar as gemas, mexendo delicadamente com uma colher de pau. Em seguida, adicionar as claras em neve com uma espátula, mexendo sempre gentilmente. Despejar a mistura na

30g de manteiga (1 colher de sopa cheia)

80g de pimentão vermelho, sem pele e sem semente, cortado em tiras finas (1 unidade média)

80g de alho-poró cortado em rodelas (use somente a parte branca) (2 talos)

250g de cogumelo-de-paris picado (2 1/2 xícaras)

375g de arroz selvagem, sem lavar (2 1/2 xícaras)

2ml de azeite extravirgem (1/2 colher de chá)

250ml de caldo de legumes (1 1/4 xícara) (ver receita na p. 161)

250g de mozarela ralada (2 1/2 xícaras)

60g de manjericão fresco picadinho (6 colheres de sopa)

sal e pimenta-do-reino a gosto

4 gemas

4 claras batidas em neve

200g de tomate, sem pele e sem semente, cortado em 4 (2 unidades grandes)

Utensílios necessários:
batedeira ou batedor de arame, forma redonda de 25cm de diâmetro, colher de pau, espátula, palito

forma untada. Introduzir os quartos de tomate na mistura.

8. Levar ao forno para assar por 1 hora ou até que a torta esteja bem dourada. Para verificar o cozimento, furar a massa com um palito. Se sair seco, a torta estará pronta. Deixar a torta descansar por 5 minutos e então desenformar. Servir quente acompanhando qualquer tipo de carne.

VINHO: Aromas fortes como o do pimentão e o do manjericão pedem um vinho de boa intensidade aromática. Um Syrah argentino ficará interessante.

Risoto de Banana com Açafrão

BANANA DA TERRA | Paraty

PREPARO:

1. Misturar o açafrão ao vinho. Reservar.
2. Levar o azeite ao fogo em uma panela de fundo grosso. Dourar o alho e depois a cebola.
3. Adicionar o arroz e a banana, refogar, acrescentar o sal e o vinho misturado ao açafrão.
4. Colocar o caldo de legumes aos poucos, mexendo sempre. Quando o arroz estiver al dente e ainda molhado, acrescentar a manteiga e o parmesão.

SUGESTÃO DE ACOMPANHAMENTO:

Filé de vermelho recheado com farofa de camarão assado na folha de bananeira.

VINHO: O sabor e o aroma do açafrão e do parmesão com seu sabor marcante pedem um Rosé de Cabernet Sauvignon do Novo Mundo.

1g de açafrão (4 envelopes de 0,25g cada um)
200ml de vinho branco (1 xícara)
50ml de azeite (5 colheres de sopa)
5g de alho socado (1 dente)
60g de cebola picada (1 unidade média)
200g de arroz arbório* (1 1/3 xícara)
80g de banana-da-terra cortada em cubinhos de 1cm (1 unidade)
sal misturado com pimenta-do-reino a gosto
1,5 litro de caldo de legumes (ver receita na p. 161)
50g de manteiga (2 colheres de sopa)
30g de parmesão ralado (3 colheres de sopa)

Utensílio necessário:
panela de fundo grosso

Arroz ao Suco de Laranja

CALAMARES | Porto Alegre

50ml de azeite (5 colheres de sopa)
220g de cebola picada (2 1/4 unidades grandes)
100g de salsão picado, somente o talo, sem a rama (aproximadamente 2 talos)
2g de tomilho seco (1/2 colher de chá)
200g de arroz parboilizado (1 1/3 xícara)
100g de raspa de laranja (1 xícara)
140ml de suco de laranja (3/4 de xícara)
400ml de água (2 xícaras)
sal a gosto

Para a montagem:
rama (folhas) de salsão
casca de laranja cortada em espiral

PREPARO:

1. Numa panela média, aquecer o azeite e logo depois misturar a cebola, o salsão e o tomilho e deixar cozinhar até que fiquem macios.

2. Em seguida, juntar o arroz, a raspa e o suco de laranja. Misturar tudo muito bem e acrescentar a água. Corrigir o sal e deixar cozinhar por aproximadamente 15 minutos ou até o arroz secar.

MONTAGEM:

Servir decorado com a rama de salsão e a casca da laranja em espiral.

VINHO: Prato com acidez, bem como aromático. Pede um vinho vivo e fresco, como um Vinho Verde Branco.

Riso Nero ao Aroma de Tartufo com Lascas de Parmesão

CANTALOUP | São Paulo

PREPARO:

1. Cozinhar o riso nero na água quente durante 18 minutos. Depois passar por uma peneira para retirar a água.
2. Colocar o riso nero em uma panela e cozinhar com o caldo de frango durante 15 minutos, ou até o arroz estar cozido, e deixar o caldo reduzir. Quando o caldo estiver reduzido, e o arroz, cozido, acrescentar a manteiga, mexer bem com a colher de pau e adicionar metade do parmesão.
3. Em outra panela, esquentar o molho demi-glace.
4. Temperar com sal e pimenta a gosto.

MONTAGEM:

Dispor o riso nero no centro do prato. Despejar sobre o arroz um pouco de molho demi-glace e o azeite de trufas. Colocar as lascas restantes de parmesão por cima.

280g de riso nero*
(aproximadamente
1 3/4 xícara)
1 litro de água quente
700ml de caldo de frango
(3 1/2 xícaras) (ver
receita na p. 158)
60g de manteiga amolecida
(aproximadamente
2 1/2 colheres de sopa)
200g de parmesão cortado
em lascas (2 xícaras)
400ml de molho demi-glace
(2 xícaras) (ver receita
na p. 163)
sal e pimenta-do-reino a gosto

Para a montagem:
azeite de trufas a gosto

Utensílios necessários:
peneira, cortador de queijo,
colher de pau

VINHO: Os incríveis aromas que o azeite de trufas proporciona ao prato pedem a tipicidade de um Nebbiolo.

Arroz de Coco

DARTAGNAN | Belo Horizonte

PREPARO:

1. Colocar o leite de coco em uma panela funda e deixar ferver bastante.
2. Assim que estiver escuro, retirar o excesso de óleo e colocar o arroz para refogar.
3. Cozinhar mexendo por aproximadamente 5 minutos, até o arroz ficar solto. Acrescentar a cebola e o alho.
4. Colocar água suficiente, sal e açúcar e deixar cozinhar normalmente.

200ml de leite de coco (1 xícara)
150g de arroz lavado (1 xícara)
80g de cebola picada (1 unidade média)
5g de alho picado (1 dente)
sal a gosto
1 pitada de açúcar

VINHO: Com esta receita de dupla função – poderia ser uma versão de risoto como prato principal ou até um acompanhamento –, dependendo da iguaria que escolheríamos, poderia variar a tipologia, mas, nos dois casos, sugiro um vinho branco de boa personalidade e baixa acidez; poderia ser um Viognier... O país? Cada um escolhe seu predileto.

Bolinho São José

DONA DERNA | Belo Horizonte

200g de arroz (1 1/3 xícara)
1 litro de leite
200g de açúcar refinado
(1 1/3 xícara)
casca de 1 laranja em espiral
casca de 1 laranja ralada
50ml de licor de laranja
(5 colheres de sopa)
30g de fermento Royal
(2 colheres de sopa)
100g de uva-passa sem
semente, amolecida
em cointreau (1 xícara)
1 litro de óleo para fritar
200g de açúcar de confeiteiro
(1 1/3 xícara)

Utensílio necessário:
toalha de papel

Rendimento: 6 porções

PREPARO:

1. Cozinhar o arroz no leite, mexendo sempre. Juntar o açúcar e a casca da laranja em espiral. O arroz deve ficar com textura firme. Depois de esfriar, descartar a casca da laranja em espiral, juntar a casca ralada, o licor, o fermento e a uva-passa.

2. Com a ajuda de duas colheres, formar bolinhos e fritá-los em óleo bem quente. Secá-los em toalha de papel. Polvilhar com açúcar de confeiteiro e servir.

VINHO: A laranja e o licor com seu sabor cítrico e as passas com seu sabor marcante pedem um Late Harvest de boa estrutura e aromas persistentes.

Arroz de Anjo

GOSTO COM GOSTO | Visconde de Mauá

PREPARO:

1. Em uma panela, colocar a manteiga com a cebola para murchar.
2. Acrescentar o macarrão e deixar ficar bem moreno.
3. Adicionar o arroz e deixar fritar um pouco.
4. Colocar a passa, a castanha-de-caju, o sal e o caldo de legumes quente, em quantidade suficiente para o cozimento do arroz. Cozinhar em fogo baixo. Deixar descansar por 15 minutos antes de servir.

VINHO: A química das passas e das castanhas forma um sabor exótico que ficaria ainda mais intenso com um Rosé da Provence.

25g de manteiga (1 colher de sopa)
80g de cebola picada bem fino (1 1/2 unidade média)
200g de macarrão cabelo-de-anjo quebrado
250g de arroz-agulhinha tipo 1 (1 2/3 xícara)
150g de passa sem caroço (1 1/2 xícara)
100g de castanha-de-caju quebrada grosseiramente (1 xícara)
sal a gosto
caldo de legumes suficiente (ver receita p. 161)

Arroz Brasileiro

OFICINA DO SABOR | Olinda

200g de cebola (2 unidades grandes)
30g de alho (6 dentes)
100g de margarina (4 colheres de sopa)
50ml de azeite (5 colheres de sopa)
500g de arroz parboilizado (3 1/3 xícaras)
sal a gosto
3 folhas de louro
2 litros de água quente
500g de espinafre cozido na água com uma pitada de sal e açúcar
500g de manga Tommy cortada em cubos (2 unidades)

Utensílios necessários: liquidificador, cortador de legumes

PREPARO:

1. Bater no liquidificador 1 cebola e 3 dentes de alho com 1/2 copo de água. Reservar.

2. Em uma panela, aquecer a metade da margarina e do azeite, e, em seguida, refogar a mistura de cebola e alho.

3. Acrescentar o arroz e mexer bem. Adicionar o sal, as folhas de louro e a água quente. Deixar cozinhar até estar al dente. Reservar.

4. Passar o espinafre no liquidificador com 1/2 copo de água. Reservar.

5. Cortar a outra cebola em tirinhas e laminar os dentes de alho restantes. Refogá-los no restante do azeite e da margarina.

6. Adicionar o espinafre, mexer bem e acrescentar o arroz reservado e a manga. Servir em seguida.

VINHO: Prato de estilo tropical que traz o doce da manga e o sabor do espinafre. Tente um Torrontés argentino, com sua descontração, aromaticidade e leveza.

Arroz de Solteiro

PAPAGUTH | Vitória

PREPARO:

1. Levar ao fogo uma frigideira sem óleo, adicionar o arroz e deixar alourar, mexendo sempre. Reservar em uma vasilha refratária.
2. Na mesma frigideira, dourar a cebola na manteiga, adicionar o milho, os pimentões e refogar por 5 minutos. Juntar a água e o sal.
3. Preaquecer o forno a 180°C.
4. Quando levantar fervura, deitar o caldo sobre o arroz, tampar a vasilha e levar ao forno preaquecido por 20 minutos ou até o líquido ter sido absorvido.
5. Antes de servir, salpicar a cebolinha sobre o prato.

VINHO: O Cabernet Sauvignon chileno acompanhará bem o sabor intenso dos pimentões.

200g de arroz-agulha (1 1/3 xícara)

50g de cebola picada (1 unidade média)

50g de manteiga (2 colheres de sopa)

100g de milho verde natural debulhado (1 xícara)

50g de pimentão vermelho, sem pele e sem semente, picado (1 unidade média)

50g de pimentão amarelo, sem pele e sem semente, picado (1 unidade pequena)

300ml de água (2 1/2 xícaras)

sal com alho a gosto

1 maço de cebolinha verde picada

Utensílios necessários: frigideira, vasilha refratária

Arroz com Jaca

POUSADA DO ZÉ MARIA | Fernando de Noronha

150g de arroz branco (1 xícara)
100g de doce de jaca em calda
20g de manteiga (2 colheres de sopa rasa)
sal a gosto

PREPARO:

1. Cozinhar o arroz com água suficiente para cobri-lo. Reservar.
2. Retirar a jaca da calda e lavar em água corrente. Picar a jaca.
3. Em uma panela sobre fogo médio, puxar o arroz na manteiga, juntar a jaca e o sal. Misturar bem e servir quente.

VINHO: Este prato pede um branco aromático, podendo ser um Sauvignon Blanc, que acompanhará bem a particular característica da jaca.

Chirashi-Sushi
(Sushi de Tigela)

QUINA DO FUTURO | Recife

Preparo do arroz de sushi:

1. Depois de lavar o arroz por duas vezes, colocá-lo em uma panela funda com a mesma medida de água e deixar cozinhar em fogo alto até ferver. Em seguida, utilizar o fogo o mais baixo possível. É imprescindível que a panela nunca seja destampada. Você saberá o ponto do arroz quando ele secar e começar a estalar. Apagar então, o fogo e deixar o arroz tampado, descansando por 10 minutos.

2. Para o molho do arroz, juntar o vinagre de arroz, o açúcar, o saquê kirin, o sal e o Ajinomoto em uma panela funda pequena, sobre fogo brando, mexendo sempre, por 5 minutos, ou até o molho apresentar certa transparência. Não deixar o líquido ferver.

3. Colocar o arroz ainda quente em uma bandeja e derramar sobre ele o molho, sempre mexendo com movimentos diagonais para não quebrar os grãos. Utilizar um ventilador para um resfriamento mais rápido.

Para o arroz de sushi:
300g de arroz japonês cru (2 xícaras)
400ml de água (2 xícaras)
250ml de vinagre de arroz (2 1/4 xícaras)
330g de açúcar cristal (2 1/5 xícaras)
200ml de saquê kirin (1 xícara)
5g de sal (1/2 colher de sopa)
25g de Ajinomoto (2 1/2 colheres de sopa)

Para o chirashi-sushi:
8 camarões-rosa médios (2 unidades para cada porção)
300ml de vinagre de arroz (2 1/2 xícaras)
30g de wasabi* (3 colheres de sopa)
100g de gengibre fresco (10 colheres de sopa)
água suficiente
150g de açúcar (1 xícara)
20g de gergelim torrado e moído (2 colheres de sopa)

Para a montagem:
160g de filé de atum fresco (4 filés de 40g para cada porção)

160g de filé de salmão fresco
(4 filés de 40g para
cada porção)
160g de filé de robalo fresco
(4 filés de 40g para
cada porção)
2 folhas de alga marinha
desidratada fatiadas (nori*)
(1/2 folha para cada porção)
120g de ovas de salmão
(30g para cada porção)
120g de pepino japonês
(1 unidade grande)

Utensílios necessários:
1 panela funda grande, 1 panela
funda pequena, 1 colher
especial para mexer o arroz,
1 bandeja grande de plástico
branca, ventilador, finos palitos
de bambu, faca apropriada
para sashimi, tesoura culinária,
2 potes para wasabi e gengibre,
1 frigideira antiaderente,
1 tábua de corte, 4 pares
de hashi, tigela oriental funda

Preparo do chirashi-sushi:

1. Camarão: espetar os camarões com finos palitos de bambu, para que se mantenham retos durante o cozimento. Cozinhar em água fervente durante 1 minuto. Deixar esfriar em água gelada, descascar e cortar, no sentido do comprimento, até a parte superior, sem cortar a pele rosada. Limpar e lavar os camarões em uma mistura de água com 100ml de vinagre de arroz.

2. Wasabi: deve ser preparado seguindo a orientação da embalagem, mas é importante não utilizar qualquer peça de metal. Usar uma peça de cerâmica e misturar com hashis.

3. Gengibre: depois de limpar e cortar em finas fatias, cozinhar por 30 minutos com o vinagre de arroz restante, água e açúcar. Para dar o ponto agridoce, provar e acrescentar o açúcar até o vinagre perder a acidez.

4. Gergelim: basta torrar as sementes durante 5 minutos em fogo brando, sem parar de mexer, em uma frigideira antiaderente sem gordura.

MONTAGEM:

Fatiar os peixes como para sushi (no sentido do comprimento) e fazer uma pré-montagem intercalando-os por cores (ex.:

4 fatias de atum, 4 fatias de salmão e depois 4 fatias de robalo, sobrepostas). Em uma tigela oriental funda, colocar o arroz já devidamente frio e dispor os peixes, criando uma delicada decoração e harmonia entre as cores dos alimentos. Para finalizar, decorar o espaço entre as fatias de peixe com o nori, ovas de salmão, leques de pepinos, o wasabi e o gengibre. Salpicar as sementes de gergelim sobre as fatias de atum.

VINHO: O Sauvignon Blanc da Patagônia será um ótimo companheiro para este prato riquíssimo em sabores e aromas.

Arroz com Temperos Orientais, Tâmaras e Salsa

TASTE VIN | Belo Horizonte

25g de gengibre descascado, fatiado finamente (2 1/2 colheres de sopa)
5g de cardamomo (1/2 colher de sopa)
8 a 10 tâmaras secas, sem semente
10ml de azeite (1 colher de sopa)
10g de cebola picada (1 colher de sopa)
2,5g de alho picadinho (1/2 dente)
120g de arroz (3/4 de xícara)
2g de canela (1/2 colher de café rasa)
100ml de vinho branco seco (1/2 xícara)
água fervente suficiente
sal e pimenta-do-reino a gosto
salsa fresca picada

Utensílios necessários:
descascador, escorredor, triturador ou processador de alimentos ou pilão

Rendimento: 2 porções

PREPARO:

1. Aferventar ligeiramente o gengibre. Escorrer, picar e reservar.
2. Retirar as sementes do cardamomo e triturá-las. Apenas as sementes trituradas serão utilizadas.
3. Picar as tâmaras.
4. Refogar no azeite a cebola e o alho. Acrescentar o arroz e refogar por mais 1 minuto.
5. Acrescentar as sementes de cardamomo trituradas, o gengibre e a canela, e deixar por mais 1 minuto. Juntar o vinho e deixar evaporar.
6. Adicionar água fervente suficiente para o cozimento do arroz, temperar com sal e pimenta e deixar cozinhar por 10 minutos.
7. Colocar as tâmaras e terminar o cozimento do arroz.
8. Quando o arroz estiver cozido, desligar o fogo e acrescentar a salsa. Abafar durante 2 minutos, misturar bem e servir.

VINHO: A tendência das especiarias é dar estrutura a este prato e realçar seu sabor pedindo também qualidades aromáticas de um vinho como o Shiraz australiano, que se incorpora bem a esses aromas e sabores.

Arroz de Forno à Moda da Fazenda

VILA BUENO | Jaguariúna

50ml de azeite de oliva
(5 colheres de sopa)
50g de cebola picada (1 unidade grande)
5g de alho socado (1 dente)
1kg de arroz bem lavado
(6 2/3 xícaras)
sal a gosto
1 ramo de cheiro-verde
200g de tomate sem pele e sem semente
(2 unidades grandes)
1 folhinha de alfavaca
2 gemas pequenas
50ml de caldo de frango
(5 colheres de sopa)
(ver receita na p. 158)
1 ovo batido
50g de farinha de rosca
(5 colheres de sopa)
1 ovo cozido, cortado em rodelas, para decorar
tiras de palmito, para decorar

PREPARO:

1. Numa panela, esquentar o azeite, colocar a cebola e o alho e deixar dourar.

2. Em seguida, colocar o arroz e deixar fritar um pouco.

3. Cobrir com água quente e acrescentar o sal, o cheiro-verde, os tomates e a alfavaca. Deixar ferver um pouco, tampar a panela e cozinhar em fogo brando até secar. Já cozido, tirar o cheiro-verde, misturar as gemas e o caldo de frango.

4. Colocar tudo num recipiente, cobrir com o ovo batido e polvilhar com farinha de rosca.

5. Enfeitar com ovo cozido e tiras de palmito.

6. Levar ao forno a 200ºC só para gratinar.

VINHO: Um prato camponês? Então, por que não um vinho da mesma altura? Um belo Cabernet Franc, rústico e rico de estrutura sem ser demasiadamente importante, seria minha escolha predileta.

Bolinhos de Arroz Recheados com Funghi

VINHERIA PERCUSSI | São Paulo

PREPARO:

1. Fazer o arroz bem seco. Fora do fogo, bater 1 ovo, adicionar a noz-moscada, o parmesão e misturar no arroz. Colocar em um prato grande e deixar esfriar.

2. Enquanto esfria, fazer o recheio: colocar a cebola com a manteiga em uma panela, acrescentar o presunto, depois o funghi e a salsinha picada. Temperar com sal e pimenta, acrescentar o vinho e deixar evaporar. Quando evaporado, pulverizar tudo com farinha de trigo, mexer e deixar cozinhar por uns minutos. Juntar um pouco de água e finalizar o cozimento por mais alguns minutos. Colocar tudo em um recipiente e deixar esfriar. Adicionar a mozarela.

3. Quando todos os ingredientes estiverem prontos, colocar em sua mão uma colherada do arroz, fazer um buraco no centro e preencher com o recheio. Fechar e enrolar como uma bolinha. Recomeçar até o fim dos ingredientes.

4. Quando as bolinhas de arroz estiverem prontas, passar na farinha de rosca, no

400g de arroz tipo carnaroli* (2 2/3 xícaras)
2 ovos batidos
1 pitada de noz-moscada ralada
50g de parmesão ralado (5 colheres de sopa)
30g de cebola (1 unidade pequena)
50g de manteiga (2 colheres de sopa)
100g de presunto gordo cortado em cubinhos (1 xícara)
25g de funghi porcini seco, previamente deixado de molho, picado (aproximadamente 1 colher de sopa)
20g de salsinha picada (2 colheres de sopa)
sal e pimenta-do-reino a gosto
100ml de vinho branco (1/2 xícara)
15g de farinha de trigo (1 colher de sopa)
50g de mozarela ralada (1/2 xícara)
farinha de rosca suficiente
óleo de canola para fritar

Utensílio necessário:
prato grande

outro ovo batido e na farinha de rosca novamente. Fritar em uma panela com óleo quente. Servir imediatamente.

VINHO: O funghi seco traz aromas muito especiais. Pede um vinho à sua altura, como o Dolcetto d'Alba.

Viradinho da Cozinheira

VIRADAS DO LARGO | Tiradentes

PREPARO:

1. Fritar a carne na metade da manteiga.
2. Em outra frigideira, dourar o alho e depois a cebola com o restante da manteiga.
3. Adicionar o feijão, o bacon, os ovos, as passas e, por último, o arroz. Regar com azeite e servir.
4. Acrescentar o cheren.

DICA: Não colocamos sal, pois a carne serenada é levemente salgada. Se desejar, pode acrescentar um pouco de farinha torrada.

VINHO: O peso deste prato requer um vinho valente e viril, com robustez suficiente para suportar a força aqui apresentada. Sugeriria um Tempranillo de Ribeira del Duero.

300g de carne serenada*
   cortada em cubos
60g de manteiga (2 1/2 colheres
   de sopa)
40g de alho laminado
   (4 colheres de sopa)
100g de cebola picada em
   cubinhos (1 cebola grande)
200g de feijão cozido e
   escorrido (1 concha)
50g de bacon frito picado
   (1/2 xícara)
4 ovos mexidos
100g de passas sem semente
   (1 xícara)
300g de arroz tipo 1 cozido
   (150g de arroz cru)
   (1 xícara)
1 fio de azeite
50g de cheren (castanha-de-
   caju picada) (1/2 xícara)
um pouco de farinha torrada
   (opcional)

Arroz ao Champanhe

XAPURI | Belo Horizonte

400g de cebola ralada
(4 unidades grandes)
50ml de azeite (5 colheres
de sopa)
500g de arroz (3 1/3 xícaras)
sal a gosto
100g de amêndoa picada
e frita em 50g de manteiga
(1 xícara)
1 litro de caldo de frango
(ver receita na p. 158)
1 garrafa de champanhe
50g de amêndoas inteiras, para
decorar (10 unidades)
1 maço de salsinha bem batida,
para decorar

Utensílio necessário:
forma para bolo ou torta

PREPARO:

1. Dourar a cebola no azeite e acrescentar o arroz. Refogar. Verificar o sal.

2. Adicionar as amêndoas, o caldo de frango e o champanhe.

3. Preaquecer o forno em temperatura média.

4. Deixar o arroz secar e enformar. Levar ao forno por 5 minutos.

5. Desenformar o arroz e decorar com as amêndoas e a salsinha.

VINHO: Com o paladar distinto e o aroma típico, a amêndoa pede estrutura como de um Champagne Millésime de boa idade.

Sobremesas

Risoto Doce ao Creme de Mascarpone com Frutas e Especiarias

A FAVORITA | Belo Horizonte

Para o risoto:
150g de arroz arbório*
　(1 xícara)
500ml de leite (2 1/2 xícaras)
500ml de creme de leite
　(2 1/2 xícaras)
1 fava de baunilha aberta pela
　metade no comprimento ou 10
　gotas de extrato de baunilha
200g de açúcar refinado
　(1 2/3 xícara)
3 gemas

Para o creme de mascarpone:
1 gema
50g de açúcar refinado
　(1/3 de xícara)
160g de queijo mascarpone
　(1/2 xícara)
20g de canela em pó, para
　polvilhar (2 colheres de sopa)

Para a compota:
1 litro de água
400g de açúcar (2 2/3 xícaras)
15g de capim-limão (1 talo)
1 canela em pau
3 estrelas de anis

Preparo do risoto:

1. Em uma panela de fundo grosso, sobre fogo baixo, cozinhar o arroz, o leite, o creme de leite, a baunilha e 150g de açúcar, mexer sempre. Quando o arroz estiver al dente, retirar do fogo.

2. Em uma batedeira, juntar as gemas e o restante do açúcar e bater por 5 minutos ou até a mistura ficar com uma cor bem clara.

3. Rapidamente juntar as gemas batidas no risoto ainda quente e misturar bem, até adquirir uma consistência cremosa.

4. Levar à geladeira.

Preparo do creme de mascarpone:

1. Em uma batedeira, juntar a gema e o açúcar e bater por 5 minutos ou até a mistura ficar com uma cor bem clara.

2. Acrescentar o queijo, incorporando-o com cuidado. Reservar em um recipiente na geladeira.

Preparo da compota:

1. Dividir em 2 panelas médias a água, o açúcar e as especiarias. Levar ao fogo alto para ferver até que o líquido fique com uma consistência de xarope.
2. Colocar a pêra em uma das panelas, e as ameixas, na outra, e deixá-las cozinhar em fogo baixo até as frutas ficarem com certa transparência (mais ou menos 5 minutos). Retirar do fogo e deixar esfriar.

1 pêra cortada ao meio e em fatias
160g de ameixa madura, sem semente, cortada em 8 fatias (2 unidades)

Utensílios necessários:
panela de fundo grosso, batedeira, 2 panelas médias, aros de culinária

MONTAGEM:

Colocar aros de culinária no centro de pratos individuais e preenchê-los com o risoto já frio. Colocar o creme de mascarpone por cima. Retirar os aros e polvilhar o risoto com canela. Colocar as frutas com a calda em sua volta.

VINHO: Esta sobremesa aromática conquistará mais elegância com um vinho doce austríaco.

Bolinho Doce de Arroz

BEIJUPIRÁ | Porto de Galinhas

Para o bolinho:
300g de arroz branco cozido
(1 xícara de arroz cru)
50g de leite de coco
(1/4 de xícara)
60g de farinha de trigo
(6 colheres de sopa)
1 ovo
30g de queijo coalho
20g de coco ralado (2 colheres
de sopa)
óleo vegetal para fritar
1 canela em pau

**Para o açúcar com canela
e castanha:**
20g de farinha de castanha-de-
caju (2 colheres de sopa)
20g de açúcar peneirado
(2 colheres de sopa)
20g de canela em pó (2 colheres
de sopa)
20g de açúcar refinado (2
colheres de sopa)

Utensílios necessários:
escumadeira, peneira, toalha de
papel, recipiente ou prato fundo

Preparo do bolinho:

1. Misturar bem o arroz, o leite de coco, a farinha de trigo, o ovo, o queijo e o coco ralado. Fazer bolinhas como quibe.

2. Esquentar o óleo com a canela e fritar os bolinhos até que fiquem dourados.

3. Retirar os bolinhos com uma escumadeira e colocá-los sobre a toalha de papel.

Preparo do açúcar com canela e castanha: Misturar todos os ingredientes em um recipiente ou prato fundo. Passar os bolinhos nessa mistura, cobrindo-os bem.

VINHO: Sabor, doçura, aromas marcantes pedem um vinho com acidez e bom teor de açúcar. O Madeira Malmsey será ideal.

Arroz ao Leite com Amêndoas e Especiarias

CARÊME BISTRÔ | Rio de Janeiro

PREPARO:

1. Colocar as passas de molho na água de flor de laranjeira.
2. Ferver o leite e acrescentar o arroz, mexendo muito bem. Cozinhar em fogo baixo durante 15 minutos, mexendo sem parar.
3. Acrescentar as especiarias e cozinhar por mais 30 minutos.
4. Adicionar o açúcar e as passas escorridas na peneira e cozinhar por mais 30 minutos. A mistura deverá engrossar, e o arroz deverá soltar da colher facilmente.
5. Retirar os temperos, adicionar as amêndoas e a água de flor de laranjeira.
6. Colocar o arroz ao leite num prato fundo e decorar com as amêndoas, os pistaches e os damascos.

VINHO: A composição de passas, canela, cravo, amêndoas, pistache e damascos pede um vinho como o Moscatel de Setúbal, que é extremamente aromático e se apresenta bem com sobremesas que contêm amêndoas.

25g de passa branca (1/4 de xícara)
25g de passa preta (1/4 de xícara)
25ml de água de flor de laranjeira (2 1/2 colheres de sopa)
1,6 litro de leite
80g de arroz-agulhinha lavado (1/2 xícara cheia)
4 cardamomos quebrados
1 canela em pau
2 cravos
80g de açúcar (1/2 xícara cheia)
40g de amêndoa filetada, levemente tostada (8 unidades)

Para decorar:
40g de amêndoa filetada, levemente tostada
40g de pistache quebrado
8 damascos secos cortados em cubinhos

Utensílios necessários:
colher de pau, peneira, prato fundo

Arroz de Rapadura e Cachaça

DIVINA GULA | Maceió

1 litro de leite
500ml de água (2 1/2 xícaras)
3 canelas em pau
10 cravos-da-índia
400g de arroz branco (2 2/3 xícaras)
500g de rapadura ralada (5 xícaras)
200g de passa (2 xícaras)
200g de castanha-de-caju (2 xícaras)
200ml de creme de leite (1 xícara)
100ml de cachaça mineira envelhecida (1/2 xícara)
20g de canela em pó (1 colher de sopa), para polvilhar

Utensílios necessários: caçarola grande, taças

PREPARO:

1. Em uma caçarola grande, colocar o leite e a água e esperar ferver.

2. Acrescentar a canela, o cravo e o arroz.

3. Quando começar a ferver, colocar a rapadura, as passas, as castanhas e o creme de leite. Deixar cozinhar em fogo médio, sem parar de mexer, por 1 hora, ou até o arroz estar cozido. Retirar a canela e os cravos.

4. Incorporar a cachaça.

MONTAGEM:

Colocar a mistura em taças e polvilhar com a canela em pó. Pode ser servido quente ou frio, dependendo do clima da região.

VINHO: Pela doçura e o sabor, que são peças dominantes nesta sobremesa bem peculiar, teremos o Jerez Pedro Ximenez como par perfeito.

Arroz-Doce com Manga

KOJIMA | Recife

PREPARO:

1. Colocar o arroz em um escorredor e passar por água fria, até a água correr limpa.

2. Transferir o arroz para uma tigela de vidro ou de louça, cobrir com água e deixar de molho por pelo menos 12 horas. Escorrer o arroz.

3. Forrar com um pano um recipiente de metal ou bambu para cozinhar a vapor. Colocar o arroz por cima do pano e tampar o recipiente com uma tampa bem justa.

4. Colocar o recipiente em uma panela com água fervente, sem deixá-lo tocar na água, e cozinhar no vapor em fogo médio durante 50 minutos ou até o arroz estar cozido. Transferir o arroz para uma tigela grande e soltar com um garfo.

5. Torrar as sementes de gergelim em uma frigideira sobre fogo médio durante 3 a 4 minutos, agitando a frigideira suavemente até as sementes dourarem. Retirar da frigideira imediatamente para evitar que queimem.

400g de arroz glutinoso ou arroz japonês (2 2/3 xícaras)

10g de semente de gergelim (1 colher de sopa)

250ml de leite de coco (1 1/4 xícara)

90g de açúcar de palma ralado ou açúcar mascavo (aproximadamente 1/2 xícara)

1,2g de sal (1/4 de colher de chá)

2 ou 3 mangas descascadas, sem caroço, cortadas em fatias

30ml de creme de coco (3 colheres de sopa)

folhas de hortelã, para decorar

Utensílios necessários:
escorredor, tigela de vidro ou de louça, recipiente de metal ou de bambu para cozinhar a vapor com tampa, tigela grande, 4 pratos preaquecidos

6. Despejar o leite de coco em uma panela pequena, juntar o açúcar e o sal. Deixar ferver lentamente, mexendo sempre, até o açúcar dissolver. Aumentar o fogo e ferver por 5 minutos ou até a mistura engrossar ligeiramente. Não parar de mexer enquanto estiver fervendo, com cuidado para a mistura não grudar no fundo da panela.
7. Despejar lentamente o leite de coco sobre o arroz. Usar um garfo para soltar o arroz. Não incorporar o líquido, para evitar que o arroz fique demasiado empapado.
8. Deixar a mistura de arroz descansar por 20 minutos antes de servir.

MONTAGEM:

Com uma colher, colocar o arroz cuidadosamente no centro de 4 pratos preaquecidos. Dispor as fatias de manga em volta do monte de arroz. Colocar um pouco do creme de coco sobre o arroz, salpicar com as sementes de gergelim e decorar com as folhas de hortelã.

VINHO: Com toques de pêssegos maduros, abacaxis e damascos, além de frutas cítricas, o Ice Wine canadense seria uma boa opção para esta sobremesa criativa que mistura sabores marcantes e diferenciados.

Arroz-Doce Crocante

BOULEVARD | Curitiba

Preparo da massa:
Colocar a farinha em uma vasilha funda e fazer um buraco no meio. Juntar a manteiga em temperatura ambiente, o açúcar, as gemas, as raspas do limão e o sal. Trabalhar a massa até ficar homogênea. Deixar repousar em local fresco. Forrar o fundo das forminhas de tortinhas com a massa.

Preparo do recheio:
1. Cozinhar o arroz al dente, em água fervente.
2. Ferver o leite, o açúcar, a canela e a fava de baunilha e deixar reduzir em fervura lenta por 25 minutos.
3. Juntar o arroz e cozinhar até que esteja macio, não devendo ficar muito seco nesse instante.
4. Desligar o fogo, retirar a canela e a fava de baunilha e deixar o arroz esfriar.
5. Juntar as uvas-passas e as gemas, misturando sempre.
6. Distribuir o recheio sobre a massa, nivelando-o bem.

Para a massa:
300g de farinha de trigo
(3 xícaras)
150g de manteiga (6 colheres
de sopa)
100g de açúcar (2/3 de xícara)
3 gemas
raspas de 1 limão
1 pitada de sal

Para o recheio:
100g de arroz arbório*
(2/3 de xícara)
1 litro de água fervente
500ml de leite (2 1/2 xícaras)
100g de açúcar (2/3 de xícara)
1 canela em pau
1 fava de baunilha, aberta ao
meio no sentido do
comprimento
50g de uva-passa embebida
em 50ml de rum por 1 hora
(1/2 xícara)
2 gemas

Para a calda:
450g de chocolate meio amargo
60ml de Cointreau (licor à base
de laranja)

Utensílios necessários:
vasilha funda, forminhas de tortinhas, escorredor

Rendimento: 10 porções

7. Assar as tortinhas em forno a 160ºC por 25 minutos.

Preparo da calda:
Derreter o chocolate lentamente, em banho-maria, e acrescentar o Cointreau. Reservar em temperatura ambiente.

MONTAGEM:
Desenformar as tortinhas em um prato. Colocar uma pequena porção da calda de chocolate em volta das tortinhas. Polvilhar com canela e servir.

VINHO: Com riqueza de aromas e enorme potencial gustativo, para acompanhar esta sobremesa com baunilha e chocolate um Porto LBV fará um par perfeito.

Sushi Doce

SUSHI LEBLON | Rio de Janeiro

Preparo do arroz-doce:
Cozinhar todos os ingredientes (exceto o leite de coco) até o arroz ficar bem macio. Esperar esfriar e colocar na geladeira.

Preparo do nori:
Cortar a alga com a tesoura para não quebrá-la. A medida deve ser 3cm de largura por 10cm de comprimento. Reservar em lugar limpo e seco.

Preparo da calda:
Colocar as frutas com a água e o açúcar em uma panela pequena sobre fogo médio. Cozinhar as frutas até desmancharem, e a mistura estar quase em ponto de fio. Esfriar e bater no liquidificador.

Preparo das frutas:
Polvilhar as frutas com o açúcar. Reservar.

Preparo da pincelada de chá verde:
Misturar tudo e reservar.

Para o arroz-doce:
395g de leite condensado (1 lata)
395g de arroz branco (2 1/2 xícaras)
800ml de leite integral (4 xícaras)
1 canela em pau
leite de coco, para decorar

Para o nori:
folhas de nori*

Para a calda:
100g de fruta vermelha de sua escolha (morango, cassis, cereja, amora, framboesa etc.)
10ml de água (1 colher de sopa)
50g de açúcar branco refinado (5 colheres de sopa)

Para as frutas:
60g de kiwi cortado em cubinhos (1 unidade)
320g de morango médio cortado em cubinhos (16 unidades)
320g de lichia em conserva cortada em cubinhos (8 unidades)

20g de açúcar branco refinado
(2 colheres de sopa)

Para a pincelada de chá verde:
10g de chá verde em pó
(1 colher de sopa)
30g de açúcar branco refinado
(3 colheres de sopa)
10ml de água (1 colher de sopa)

Utensílios necessários:
tesoura, liquidificador, pincel,
bisnaga

MONTAGEM:

Com as mãos molhadas, separar um montinho de arroz-doce, formando uma bolinha. Colocar um pedaço de nori em volta do arroz, deixando um espaço na parte superior para colocar as frutas. No prato, dar uma pincelada do chá verde e colocar um pouco de leite de coco para que fique embaixo dos sushis. Decorar o prato com a calda de frutas vermelhas utilizando uma bisnaga do tipo de ketchup. Arrumar os sushis no prato.

VINHO: A calda de frutas vermelhas, com sua intensidade unida ao sabor da lichia e do kiwi, necessita de um vinho igualmente intenso, saboroso e aromático. Recomendo um Gewürztraminer Vendage Tardive.

Arroz Dourado

O NAVEGADOR | Rio de Janeiro

PREPARO:

1. Ferver o leite e colocar o açafrão em infusão para soltar a cor e o aroma.
2. Juntar o arroz, o açúcar, e, quando levantar fervura, juntar a casca de limão e a canela. Abaixar o fogo e deixar cozinhar em fogo baixo até o arroz ficar macio.
3. Retirar a panela do fogo e juntar as gemas e o sal. Mexer bem e voltar ao fogo até engrossar levemente, sem deixar ferver.
4. Colocar um pouco do arroz preparado dentro de cada anel de metal ou PVC para enformar e deixar esfriar. Quando o arroz estiver frio, cobrir com o açúcar cristal, formando uma fina camada, e desenformar.
5. Queimar o açúcar com o maçarico de cozinha até estar bem dourado e a crosta formada ficar crocante.

400ml de leite (2 xícaras)
5g de açafrão (1 colher de café)
120g de arroz lavado e escorrido (3/4 de xícara)
120g de açúcar (3/4 de xícara)
1 pedaço de aproximadamente 4cm da casca verde do limão
1 pedaço de canela em pau de aproximadamente 4cm
2 gemas batidas
1 pitada de sal
20g de açúcar cristal para o caramelo (2 colheres de sopa)

Utensílios necessários:
escorredor, anel de metal ou PVC de 7cm de diâmetro por 3,5cm de altura, maçarico de cozinha

VINHO: O Reccioto della Valpolicella, com sua estrutura e aromas aliados à sua doçura e potência, realçará a mistura de canela e açafrão.

Receitas Básicas

Caldo de carne

PREPARO:

Lavar bem os ossos, colocá-los numa panela, cobri-los com a água e levar ao fogo. Deixar ferver, diminuir a chama e cozinhar por 6 horas. Retirar as impurezas com a concha. Adicionar os demais ingredientes e cozinhar por mais 1 hora. Peneirar o caldo antes de usar.

3,5kg de ossos de boi
4 litros de água
400g de cebola picada
   (4 unidades grandes)
250g de cenoura picada
   (2 1/2 unidades grandes)
250g de aipo picado (6 unidades)
50g de salsa (aproximadamente
   1/2 maço)
40g de tomilho
   (aproximadamente 1/2 maço)
2 folhas de louro
4g de pimenta-do-reino em grãos
   (aproximadamente 1 colher
   de chá)
100g de alho (20 dentes)

Utensílios necessários:
concha, peneira

Rendimento: 3 litros

Caldo de frango

3,5kg de carcaça de frango
5 1/2 litros de água
400g de cebola picada
(4 unidades grandes)
250g de cenoura picada
(2 1/2 unidades médias)
250g de aipo picado (6 unidades grandes)
50g de salsa (aproximadamente 1/2 maço)
40g de tomilho (1/2 maço)
2 folhas de louro
4g de pimenta-do-reino em grãos (aproximadamente 1 colher de chá)
100g de alho (20 dentes)

Utensílios necessários:
concha, peneira

Rendimento: 3 litros

PREPARO:

Lavar bem as carcaças, colocá-las numa panela, cobrir com água e levar ao fogo. Deixar ferver, diminuir a chama e cozinhar por 4 horas. Retirar as impurezas com a concha. Adicionar os demais ingredientes e cozinhar por mais 1 hora. Peneirar o caldo antes de usar.

Caldo de peixe

PREPARO:

Lavar bem as carcaças de peixe. Numa panela, misturar todos os ingredientes. Deixar ferver, abaixar o fogo e cozinhar por 40 minutos, retirando as impurezas com uma concha. Peneirar o caldo.

5kg de carcaça de peixe
4,5 litros de água
350g de cebola (3 1/2 unidades grandes)
250g de alho-poró (aproximadamente 6 unidades)
250g de aipo (aproximadamente 6 unidades)
100g de funcho (aproximadamente 1 unidade)
100g de talos de cogumelos
50g de salsa (galhos) (5 colheres de sopa)
40g de tomilho (galhos) (4 colheres de sopa)
2 folhas de louro
4g de pimenta-do-reino em grão (aproximadamente 1 colher de chá)
100g de alho (20 dentes)

Utensílios necessários:
concha, peneira

Rendimento: 3 litros

Caldo de camarão

Cascas e cabeças de 1kg
    de camarão
2 litros de água fria
40g de aipo ou salsão picado
    (1 talo)
100g de tomate picado
    (1 unidade grande)
100g de cebola picada
    (1 unidade grande)
100g de cenoura picada
    (1 unidade grande)
10g de alho (2 dentes)
1 amarrado de salsa e cebolinha

Utensílio necessário:
peneira

Rendimento: 1,5 litro

PREPARO:

Cobrir tudo com a água e levar para cozinhar por 40 minutos. Peneirar o caldo.

Caldo de legumes

PREPARO:

Esquentar uma panela com o óleo e refogar os legumes sem deixar pegar cor. Adicionar a água e os temperos. Deixar ferver, abaixar o fogo e cozinhar por 1 hora.

100ml de óleo (1/2 xícara)
400g de cebola (4 unidades médias)
100g de alho (20 dentes)
300g de alho-poró (aproximadamente 7 unidades)
150g de aipo (aproximadamente 4 unidades)
150g de cenoura (1 1/2 unidade grande)
150g de funcho (1 1/2 unidade)
4 litros de água
50g de salsa (galhos) (5 colheres de sopa)
40g de tomilho (galhos) (4 colheres de sopa)
2 folhas de louro
4g de pimenta-do-reino em grão (aproximadamente 1 colher de chá)
0,5g de cravo (1 unidade)
0,5g de semente de funcho (5 unidades)

Rendimento: 3 litros

Molho de tomate

50g de bacon cortado bem
  fininho
20g de manteiga ou margarina
  (1 colher de sopa)
10g de alho picado (2 dentes)
15g de cebola picada
  (2 colheres de sopa)
15g de aipo picado (2 colheres
  de sopa)
15g de cenoura picada ou ralada
  (2 colheres de sopa)
10g de farinha de trigo (1 colher
  de sopa)
150ml de caldo de carne
  (3/4 de xícara)
1kg de tomate fresco sem pele
  e sem semente (10 unidades
  grandes)
1 folha de louro rasgada
30g de manjericão picado
  (3 colheres de sopa)
10g de tomilho picado (1 colher
  de sopa)
10g de açúcar (1 colher
  de sopa)
sal a gosto

Utensílio necessário:
liquidificador

Rendimento: 650ml

PREPARO:

1. Em uma panela, juntar o bacon, a manteiga e o alho e deixar dourar. Juntar a cebola, o aipo e a cenoura e mexer até começar a ficar macio. Juntar o trigo e mexer até ficar ligeiramente dourado.

2. Juntar o caldo de carne (mexendo bem para não embolotar) e acrescentar os tomates batidos no liquidificador. Deixar ferver até reduzir e engrossar. Juntar as ervas e o açúcar. Corrigir o sal e deixar ferver até a consistência desejada.

Obs.: Os tomates frescos podem ser substituídos por pelati em lata de 500g e batidos no liquidificador, sem a água.

Molho demi-glace

PREPARO:

1. Assar os ossos em uma assadeira em forno preaquecido por 10 minutos.
2. Fazer um refogado com a manteiga e a cebola, até ficar bem marrom, quase queimada.
3. Em seguida, colocar a cenoura, o tomate, o aipo, o alho e o louro, cobrir tudo com água e cozinhar por 30 minutos.
4. Juntar os ossos, o vinho e deixar cozinhar em fogo muito baixo por 6 horas, com a panela aberta.
5. Coar o molho, que deve estar escuro e com uma consistência grossa. Se necessário, engrossar com um pouco de farinha de trigo, mas o ideal é reduzi-lo em fogo baixo até obter a consistência desejada.

2kg de ossos de boi
50g de manteiga sem sal
(2 colheres de sopa)
500g de cebola com casca
cortada grosseiramente
(5 unidades grandes)
200g de cenoura com casca
cortada grosseiramente
(2 unidades grandes)
200g de tomate com casca
cortado grosseiramente
(2 unidades grandes)
200g de aipo cortado
grosseiramente (5 talos)
1 cabeça de alho com casca
cortada ao meio
3 folhas de louro
2 litros de água
1 1/2 garrafa de vinho tinto seco
farinha de trigo para engrossar,
se necessário

Utensílios necessários:
assadeira, peneira

Manteiga clarificada

300g de manteiga (12 colheres de sopa)

Utensílios necessários: escumadeira, concha

PREPARO:

Numa panela, derreter a manteiga em fogo baixo. Deixar descansar por 20 minutos e, com a escumadeira, retirar delicadamente a caseína (película de cima), separando, com uma concha, a manteiga do soro.

Tomate confit

PREPARO:

Em uma assadeira, colocar metade do azeite, o açúcar, o sal, a pimenta e o tomilho. Dispor o tomate sobre essa mistura e regar com o restante do azeite. Assar em forno baixo, a 90ºC, por aproximadamente 4 horas.

300ml de azeite (1 1/2 xícara)
150g de açúcar (10 colheres de sopa)
10g de sal (2 colheres de café)
pimenta-do-reino e tomilho a gosto
400g de tomate italiano, sem pele e sem semente, cortado em 4 (5 unidades)

Utensílio necessário:
assadeira

TABELA DE EQUIVALÊNCIAS

1 alcachofra média	350g
1 camarão graúdo	75g
1 camarão médio	50g
1 camarão pequeno	20g
1 colher de café rasa de sal	3g
1 colher de café de fermento em pó	4g
1 colher de café de açafrão	6g
1/4 de colher de chá de pimenta-do-reino moída	5g
1 colher de sopa de casca de limão	10g
1 colher de chá de sal	5g
1 colher de sopa de açúcar	15g
1 colher de sopa de azeite	10ml
1 colher de sopa de manteiga	25g
1 colher de sopa de queijo parmesão	10g
1 colher de sopa de gengibre ralado	10g
1 colher de sopa de fermento em pó	15g
1 colher de sopa de salsinha picada	10g
1 lingüiça calabresa	100g
1 xícara de arroz cru	150g
1 xícara de açúcar	150g
1 xícara de farinha de trigo	125g
1 colher de sopa de farinha de trigo	15g
1 dente de alho	5g
1 talo de aipo	40g
1 talo de alho-poró	40g
1 maço de salsa	80g
1 paio	150g
1 pimentão médio	aproximadamente 40g

1 pitu	30g
1 tomate pequeno	aproximadamente 60g
1 tomate médio	aproximadamente 80g
1 tomate grande	aproximadamente 100g
1 cebola pequena	aproximadamente 30g
1 cebola média	aproximadamente 50g
1 cebola grande	aproximadamente 100g
1 échalote	5g
1 abobrinha média	220g
1 batata média	aproximadamente 130g
1 berinjela pequena	aproximadamente 220g
1 berinjela média	aproximadamente 280g
1 berinjela grande	aproximadamente 350g
1 cenoura pequena	aproximadamente 30g
1 cenoura média	aproximadamente 50g
1 cenoura grande	aproximadamente 100g
1 xícara de líquido	200ml
1 xícara de uva-passa	100g
1 xícara castanha ou amêndoa	100g
1 colher de sopa de extrato de tomate	25g

GLOSSÁRIO

Arroz arbório – Tipo de arroz italiano muito utilizado em risotos.

Arroz carnaroli – Tipo de arroz italiano muito utilizado em risotos.

Arroz jasmim – Tipo de arroz indiano.

Arroz vermelho – Arroz consumido no Nordeste do Brasil. Trazido pelos portugueses em 1535, foi o primeiro arroz a chegar ao Brasil.

Brunoise – Corte em formato de pequenos cubos de 3mm.

Caril – Também conhecido como curry, é uma mistura de especiarias muito utilizada na culinária da Índia, da Tailândia e de outros países asiáticos. Esse condimento é feito à base de pó amarelo de açafrão-da-índia (cúrcuma), cardamomo, coentro, gengibre, cominho, casca de noz-moscada, cravinho, pimenta e canela. Além desses ingredientes básicos, outros são incluídos, de acordo com as preferências.

Carne serenada – Carne levemente salgada e maturada durante a noite, sob o sereno.

Chinois (termo francês) – Espécie de funil ou tela de inox, de furos bem pequenos, utilizado na cozinha profissional para coar molhos e caldos, entre outros preparados líquidos.

Ciboulette – Também conhecida como cebolinha-francesa. Semelhante à cebolinha nacional, porém com folhas mais finas.

Cúrcuma – Aparentado do gengibre, é um ingrediente básico do curry e da mostarda. Usado em sopas e massas. O pó confere cor e sabor aos alimentos.

Échalote – Também conhecida como echalota ou chalota. É o mais prestigiado membro das cebolas. Muito utilizada na culinária francesa. Formada por dentes que lembram o alho.

Macarrão de arroz – Feito com farinha de arroz, encontrado em lojas de produtos orientais.

Macedônia – Corte em formato de pequenos cubos de 1,5cm.

Mache – Planta típica da Europa, com folhas pequenas e arredondadas. Seu gosto é tênue e levemente amargo. Muito apreciada em saladas.

Nam pla – Molho de peixe fermentado, de cheiro forte. É resultante do cozimento de peixes e temperos diversos.

Nori – Espécie de folha feita com base em algas marinhas, muito utilizada na culinária japonesa.

Paella – Utensílio que deu nome ao prato (paellera é o nome da mulher que prepara a paella); vem do latim patela e era uma frigideira com alças que os camponeses do interior de Valência usavam (geralmente homens), desde o século XII, para cozinhar.

Passa de caju – Caju desidratado.

Piselle – Tipo de ervilha.

Pitu – Camarão de água doce.

Prosecco – Vinho espumante italiano.

Riso nero – Arroz negro muito utilizado na culinária italiana.

Tomate confit – Tomate assado lentamente no azeite, aproximadamente por quatro horas, em forno a baixa temperatura.

Urucum – Planta usada pelos índios para desenhar sobre o corpo. Além de afastar insetos, é usado também como condimento na cozinha tropical das Américas, deixando uma cor que vai do alaranjado ao vermelho. Pode ser encontrado em forma de infusão em óleo ou em pó.

Vieira – Espécie de molusco.

Wasabi – Também conhecido como raiz-forte. Tempero em pasta utilizado na culinária japonesa, feito da planta *Wasabia japonica*.

Zaferano – Açafrão espanhol.

ÍNDICE REMISSIVO DE RESTAURANTES

A Favorita 144

Akuaba 57

Alice 121

Amadeus 58

Arábia 64

Banana da Terra 123

Beijupirá 146

Bistrô d'Acampora 45

Bistrô Marcel 55

Borsalino 66

Boulevard 151

Calamares 124

Cantaloup 125

Cantina Italiana 70

Carême Bistrô 147

Casa da Suíça 49

Chez Georges 68

Cielo Ristorante 75

Dartagnan 127

Divina Gula 148

Dom Giuseppe 73

Dona Derna 128

Empório Ravioli 72

Emporium Pax 47

Esch Cafe Centro 77

Esch Cafe Leblon 79

Fogo Caipira 81

Giuseppe 52

Gosto com Gosto 129

Kojima 149

La Caceria 82

Lá em Casa 85

La Sagrada Familia 87

La Tavola 53

La Victoria 83

Locanda della
   Mimosa 119

Ludwig 60

Marcel (Fortaleza) 89

Marcel Jardins 91

Margutta 93

Moana 95

Nakombi 104

O Navegador 155

Oficina do Sabor 130

Oriundi 102

Papaguth 131

Parador Valencia 99

Pomodoro Café 97

Pousada do Zé Maria
   132

Quina do Futuro 133

Rancho Inn 106

Ristorante Bologna 62

Sawasdee 108

Splendido Ristorante
   110

Sushi Leblon 153

Taste Vin 136

Taverna del Nonno
   112

Terraço Itália 50

Universal Diner 114

Vecchio Sogno 117

Vila Bueno 138

Vinheria Percussi 139

Viradas do Largo 141

Wanchako 115

Xapuri 142

ÍNDICE REMISSIVO DE RECEITAS

Arroz ao champanhe 142

Arroz ao leite com amêndoas e especiarias 147

Arroz ao suco de laranja 124

Arroz brasileiro 130

Arroz com jaca 132

Arroz com mexilhões 57

Arroz com temperos orientais, tâmaras e salsa 136

Arroz de anjo 129

Arroz de Braga 106

Arroz de caranguejo à Fafá 85

Arroz-de-carreteiro emperiquitado 81

Arroz de coco 127

Arroz de forno à moda da fazenda 138

Arroz de pato (arroz branco com nacos de coxa de pato confit, paio e fios de couve) 87

Arroz de rabada com cubos de polenta 77

Arroz de rapadura e cachaça 148

Arroz de solteiro 131

Arroz-doce com manga 149

Arroz-doce crocante 151

Arroz dourado 155

Arroz jasmim colorido com lâminas de frango (Kao Pad Gai) 108

Arroz marimbondo 117

Arroz marroquino (arroz com frango e amêndoas) 64

Arroz negro com perfumes do mar 102

Arroz vermelho (ou arroz da terra) 68

Bolinho doce de arroz 146

Bolinho São José 128

Bolinhos de arroz à italiana 52

Bolinhos de arroz recheados com funghi 139

Canja da vovó 60

Canja rica com macarrão de arroz e legumes 47

Chirashi selvagem 104

Chirashi-Sushi (Sushi de tigela) 133

Paella mista (marinera) 99

Riso nero ao aroma de tartufo com lascas de parmesão 125

Risoto al pepe verde 62

Risoto al Rocca della Macie 72

Risoto ao coquetel de cogumelos 89

Risoto ao limão com camarões selados 83

Risoto ao Prosecco 70

Risoto com camarão de água doce – pitu 53

Risoto com camarões pequenos e romã 66

Risoto com ragu de robalo e piselle 75

Risoto de alcachofra 112

Risoto de banana com açafrão 123

Risoto de camarão 58

Risoto de camarões e quiabos 110

Risoto de capivara com morangos 82

Risoto de embutidos 97

Risoto de foie gras 114

Risoto de lagosta cearense 95

Risoto de lagostim com morangos e champanhe 119

Risoto de legumes com shiitake 79

Risoto de pirarucu 73

Risoto de rabanete 50

Risoto de salmão ao curry 93

Risoto doce ao creme de mascarpone com frutas e especiarias 144

Risoto verde com polvo frito 115

Saint Jacques ao risoto de tomate confit e presunto bayonne 91

Salada de arroz branco com siri catado 45

Salada de arroz, mache e aspargos ao vinagrete de balsâmico 55

Sopa de arroz com castanhas 49

Sushi doce 153

Torta de arroz selvagem e cogumelos 121

Viradinho da cozinheira 141

RELAÇÃO DOS RESTAURANTES ASSOCIADOS

ALAGOAS
Akuaba
Tel.: (82) 3325-6199
Divina Gula
Tel.: (82) 3235-1016
Le Corbu
Tel.: (82) 3327-4326
Le Sururu
Tel.: (82) 2121-4000
Wanchako
Tel.: (82) 3327-8701

DISTRITO FEDERAL
Alice
Tel.: (61) 3248-7743
Babel
Tel.: (61) 3345-6042
Cielo Ristorante
Tel.: (61) 3364-5655
Universal Diner
Tel.: (61) 3443-2089

ESPÍRITO SANTO
La Cave
Tel.: (27) 3223-8932
Oriundi
Tel.: (27) 3227-6989
Papaguth
Tel.: (27) 3071-3269

GOIÁS
Ad'oro Restaurante
Tel.: (62) 3092-5558
L'Etoile d'Argent
Tel.: (62) 3281-9676

MARANHÃO
Maracangalha
Tel.: (98) 3235-9305

**MATO GROSSO
DO SUL**
Cantina Masseria
Tel.: (67) 3325-7722
Fogo Caipira
Tel.: (67) 3324-1641

MINAS GERAIS
A Favorita
Tel.: (31) 3275-2352
Dartagnan
Tel.: (31) 3295-7878
Dona Derna
Tel.: (31) 3223-6954
La Victoria
Tel.: (31) 3581-3200
Osteria
Tel.: (31) 3481-1658
Patuscada
Tel.: (31) 3213-9296
Splendido Ristorante
Tel.: (31) 3227-6446
Taste Vin
Tel.: (31) 3292-5423
Vecchio Sogno
Tel.: (31) 3292-5251
Viradas do Largo
Tel.: (32) 3355-1111
Xapuri
Tel.: (31) 3496-6198

PARÁ
Dom Giuseppe
Tel.: (91) 4008-0001
Lá em Casa
Tel.: (91) 3223-1212

PARANÁ
Boulevard
Tel.: (41) 3023-8244
Ristorante Bologna
Tel.: (41) 3223-7102
Villa Marcolini
Tel.: (41) 3023-4664

PERNAMBUCO
Beijupirá
Tel.: (81) 3552-2354
Chez Georges
Tel.: (81) 3326-1879
Kojima
Tel.: (81) 3328-3585
Maison do Bomfim
Tel.: (81) 3429-1674
Munganga Bistrô
Tel.: (81) 3552-2480
Oficina do Sabor
Tel.: (81) 3429-3331
Pomodoro Café
Tel.: (81) 3326-6023
Ponte Nova
Tel.: (81) 3327-7226
Pousada do Zé Maria
Tel.: (81) 3619-1258
Quina do Futuro
Tel.: (81) 3241-9589

Arroz | Aromas e Sabores da Boa Lembrança

Wiella Bistrô
Tel.: (81) 3463-3108

RIO DE JANEIRO
66 Bistrô
Tel.: (21) 2539-0033
Banana da Terra
Tel.: (24) 3371-1725
Bartrô – Bar e Bistrô
Tel.: (22) 2764-7782
Borsalino
Tel.: (21) 2491-4288
Carême Bistrô
Tel.: (21) 2537-5431
Casa da Suíça
Tel.: (21) 2252-5182
Da Carmine
Tel.: (21) 3602-4988
Emporium Pax
Tel.: (21) 3171-9713
Esch Cafe Centro
Tel.: (21) 2507-5866
Esch Cafe Leblon
Tel.: (21) 2512-5651
Giuseppe
Tel.: (21) 3575-7474
Gosto com Gosto
Tel.: (24) 3387-1382
Jardim Secreto
Tel.: (24) 3351-2516
La Sagrada Familia
Tel.: (21) 2252-2240
Locanda della Mimosa
Tel.: (24) 2233-5405
Margutta
Tel.: (21) 2511-0878
Margutta Cittá
Tel.: (21) 2563-4091

O Navegador
Tel.: (21) 2262-6037
Parador Valencia
Tel.: (24) 2222-1250
Rancho Inn
Tel.: (21) 2263-5197
Restaurante Alvorada
Tel.: (24) 2225-2021
Sawasdee
Tel.: (22) 2623-4644
Sushi Leblon
Tel.: (22) 2512-7836

RIO GRANDE
DO NORTE
Manary
Tel.: (84) 3204-2900

RIO GRANDE DO SUL
Calamares
Tel.: (51) 3346-8055
La Caceria
Tel.: (54) 3295-7565
Peppo Cucina
Tel.: (51) 3019-7979
Sushi by Cleber
Tel.: (51) 3328-8330
Taverna del Nonno
Tel.: (54) 3286-1252

SANTA CATARINA
Bistrô d'Acampora
Tel.: (48) 3235-1073

SÃO PAULO
Amadeus
Tel.: (11) 3061-2859

Arábia
Tel.: (11) 3061-2203
Cantaloup
Tel.: (11) 3078-3445
Confraria do Sabor
Tel.: (12) 3663-6550
Empório Ravioli
Tel.: (11) 3846-2908
Le Foyer Restaurant
Tel.: (12) 3663-2767
Ludwig
Tel.: (12) 3663-5111
Marcel Jardins
Tel.: (11) 3064-3089
Mocotó
Tel.: (11)2951-3056
Nakombi
Tel.: (11) 3845-9911
Ristorante Laura &
Francesco
Tel.: (19) 3849-6714
Terraço Itália
Restaurante
Tel.: (11) 2189-2929
Vinheria Percussi
Tel.: (11) 3088-4920

SERGIPE
La Tavola
Tel.: (79) 3211-9498

ASSOCIAÇÃO DOS
RESTAURANTES DA
BOA LEMBRANÇA
Tel.: (81) 3429-0190
(Pernambuco)

SOBRE OS AUTORES

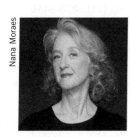
Nana Moraes

Danusia Barbara

Jornalista carioca, prova do bom e do melhor em todas as partes do mundo. Da Amazônia a Mianmar, do Canadá ao Zimbábue, dos Estados Unidos às Ilhas Maurício, da Europa à América do Sul, dos pampas gaúchos à Tailândia e ao Oriente Médio, lugares por onde passou, pesquisa sabores, gostos, texturas, contrastes, sensações. Há mais de 20 anos escreve o *Guia Danusia Barbara – Restaurantes do Rio*.

É autora dos livros *Rio, sabores & segredos*; *A dieta do chef: alta gastronomia de baixa caloria*; *Nao Hara: culinária japonesa, sabores tropicais*; *Tomate*; *Feijão*; *Berinjela*; *Porco*; *Batata*; *Crustáceos*; *Satyricon – O mar à mesa*; *A borrachinha que queria ser lápis* (infantil) e *Roteiro turístico-cultural das praias do Rio de Janeiro*.

Mestre em Poética pela Universidade Federal do Rio de Janeiro (UFRJ) e com cursos na Columbia University, Nova York, colabora em várias publicações com artigos sobre suas aventuras gastronômicas.

Sergio Pagano

Italiano de Milão, o fotógrafo começou sua carreira naquela cidade, em 1970, com ensaios para as principais revistas de decoração, agências de publicidade e galerias de arte.

Em 1978 foi para Paris, onde morou por nove anos, durante os quais se dedicou a fotografar concertos de *rock* e seus artistas. Foi essa especialidade que o trouxe ao Rio de Janeiro, para fotografar o Rock in Rio.

Em 1986, mudou-se definitivamente para o Brasil, onde tem realizado trabalhos de fotografia nas áreas de decoração, arquitetura e gastronomia. Esses mesmos temas também lhe renderam mais de vinte livros publicados. Entre eles destacam-se *Tomate*, *Feijão*, *Berinjela*, *Porco*, *Batata* e *Crustáceos,* da Associação dos Restaurantes da Boa Lembrança e Danusia Barbara, e os volumes da coleção *Receita Carioca*, da Editora Senac Rio.

Associação dos Restaurantes da Boa Lembrança

Criada em 2 de março de 1994, a **Associação dos Restaurantes da Boa Lembrança** busca a alegria gastronômica em todos os níveis. Entre as suas inovações está a distribuição de pratos de cerâmica pintados à mão a todos que saboreiam uma das opções do cardápio dos restaurantes filiados. E mais: fornece aos clientes o passaporte para a obtenção de garrafas de champanhe; organiza jantares especiais; incentiva o turismo no Brasil; realiza festivais de comidas e bebidas; promove congressos nacionais e também fomenta o Clube do Colecionador, no qual é possível trocar experiências, receitas e até mesmo os cobiçados pratos. Tudo isso para deixar gravada na memória a "boa lembrança" do que sempre ocorre quando se freqüenta um dos seus restaurantes em todo o Brasil. De Belém a Florianópolis, de Maceió a São Paulo, do Recife ao Rio de Janeiro ou a Belo Horizonte: qualidade é a meta. Por isso, os filiados à Associação não se apressam em crescer. Seu objetivo é a integração da diversificada culinária do nosso país.

Visite o site www.boalembranca.com.br

Conheça os outros títulos da coleção
AROMAS E SABORES DA BOA LEMBRANÇA

VERSÃO LUXO

   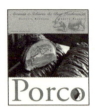

 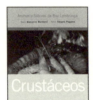 

VERSÃO POCKET

Para conhecer a história, os restaurantes, a galeria de pratos,
os projetos e eventos da Associação dos Restaurantes da Boa Lembrança,
visite o site: **www.boalembranca.com.br**.
Acesse também o site do Clube do Colecionador: **www.clubedocolecionador.com.br**.

CIP-BRASIL.CATALOGAÇÃO-NA-FONTE
SINDICATO NACIONAL DOS EDITORES DE LIVROS, RJ.

B184a
2.ed.

Barbara, Danusia, 1948–
   Arroz
   / texto Danusia Barbara / fotos Sergio Pagano / [produção das receitas
Associação dos Restaurantes da Boa Lembrança e Sergio Pagano ; sugestão de vinhos
Cláudio Gomes]. – 2.ed. Rio de Janeiro : Ed. Senac Rio, 2009.
180p. : il. ; . – (Aromas e Sabores da Boa Lembrança ; 7)

13 cm x 18 cm
Inclui bibliografia
ISBN 978-85-7756-023-3

1. Culinária (Arroz). 2. Arroz – Variedades. I. Pagano, Sergio, 1949–. II. Associação dos
Restaurantes da Boa Lembrança. III. Título. IV. Série

07-4687.   CDD: 641.3318
                   CDU: 641.5:633.18

A Editora Senac Rio publica livros nas áreas de gastronomia,
design, administração, moda, responsabilidade social, educação, marketing,
beleza, saúde, cultura, comunicação, entre outras.

Visite o site www.rj.senac.br/editora, escolha os títulos de sua preferência e boa leitura.

Fique atento aos nossos próximos lançamentos! À venda nas melhores livrarias do país.

Editora Senac Rio	Editora Senac São Paulo
Tel.: (21) 2510-7100	Tel.: (11) 2187-4450
Fax: (21) 2240-9656	Fax: (11) 2187-4486
comercial.editora@rj.senac.br	editora@sp.senac.br

Disque Senac: (21) 4002-2002

Este livro foi composto em Trade Gothic, impresso em
papel Pólen Bold Areia 90g/m^2, pela gráfica GM Minister,
para a Editora Senac Rio, em maio de 2009.